코젤렉의 개념사 사전 25

습속, 윤리, 도덕

코젤렉의
개념사 사전 25

습속, 윤리, 도덕
Sitte, Sittlichkeit, Moral

카를–하인츠 일팅 지음
라인하르트 코젤렉·오토 브루너·베르너 콘체 엮음
한림대학교 한림과학원 기획
한상희 옮김

Sitte,
Sittlich-
keit,
Moral

푸른역사

일러두기

1. 이 책은 오토 브루너Otto Brunner·베르너 콘체Werner Conze·라인하르트 코
   젤렉Reinhart Koselleck이 엮은 《역사적 기본 개념: 독일 정치·사회 언어 역사
   사전Geschichtliche Grundbegriffe. Historisches Lexikon zur politisch-sozialen
   Sprache in Deutschland》(Stuttgart: Klett-Cotta, 1972~1997) 중 〈습속Sitte, 윤리
   Sittlichkeit, 도덕Moral〉(제5권, pp. 863~922) 항목을 옮긴 것이다. 카를-하인
   츠 일팅Karl-Heinz Ilting이 집필했다.
2. 미주는 저자, 각주는 옮긴이의 것이다. 각주로 처리된 옮긴이 주의 경우 주석
   앞에 [옮긴이] 표기를 했다.
3. 고유명사 표기에서 국립국어원 외래어 표기법을 따르지 않고 독일어 발음대
   로 표기한 것이 있다. 예컨대 '실러'는 '쉴러'로, '야코프 부르크하르트'는
   '야콥 부르크하르트'로, '셸링'은 '쉘링'으로 표기했다.
4. 이 책은 2018년 대한민국 교육부와 한국연구재단의 지원을 받아 간행되었다
   (NRF-2018S1A6A3A01022568).

번역서를 내면서

●●●　　　《코젤렉의 개념사 사전》(원제는《역사적 기본 개
념*Geschichtliche Grundbegriffe*》)은 독일의 역사학자 라인하르트 코젤
렉Reinhart Koselleck(1923~2006)이 오토 브루너Otto Brunner, 베르너
콘체Werner Conze와 함께 발간한 '독일 정치·사회 언어 역사사전
Historisches Lexikon zur politisch-sozialen Sprache in Deutschland'입니다.
이 책은 총 119개의 기본 개념 집필에 역사학자뿐 아니라 법학자,
경제학자, 철학자, 신학자 등이 대거 참여한 학제 간 연구의 결실
입니다. 또한 1972년에 첫 권이 발간된 후 1997년 최종 여덟 권으
로 완성되기까지 무려 25년이 걸린 대작입니다. 독일 빌레펠트대
학의 교수였던 코젤렉은 이 작업을 기획하고 주도했으며, 공동 편
집자인 브루너, 콘체가 세상을 떠난 후 그 뒤를 이어 책의 출판을
완성했습니다.

　　《코젤렉의 개념사 사전》이 가진 의의는 작업 규모나 성과물의
방대함뿐만 아니라 방법론적 혁신성에도 있습니다. 기존의 개념

사가 시대 배경과 역사적 맥락을 초월한 순수 관념을 상정하고 그것의 의미를 밝히는 데 치중했다면, 《코젤렉의 개념사 사전》은 정치·사회적 맥락 속에서 전개되는 의미의 변화 양상에 주목합니다. 따라서 코젤렉이 말하는 '개념'은 '정치·사회적인 의미연관들로 꽉 차 있어서, 사용하면서도 계속해서 다의적多義的으로 머무르는 단어'입니다. '기본개념'은 그중에서도 특히 정치·사회적인 현실과 운동에 강력한 영향력을 행사한 개념을 가리킵니다.

나아가 《코젤렉의 개념사 사전》은 근대성에 대한 깊은 성찰을 담고 있습니다. 코젤렉은 1750년부터 1850년까지 유럽에서 개념들의 의미에 커다란 변화가 나타나, 근대 세계와 그 이전을 나누는 근본적인 단절이 발생했음에 주목했습니다. 이러한 단절을 그는 '말안장 시대' 또는 '문턱의 시대'로 표현한 바 있습니다. 또한 코젤렉은 근대에 들어오면서 개념은 '경험 공간과 기대 지평'이라는 두 차원을 가진 '운동 개념'이 되었음을 드러냄으로써 근대성에 대한 물음을 성찰하도록 해주었습니다.

《코젤렉의 개념사 사전》은 방대한 기획과 방법론적 혁신성, 근대성에 대한 통찰을 담은 기념비적 저작이라는 면에서 광범위한 차원의 호평과 반향을 불러일으켰습니다. 또한 분과학문의 틀을 뛰어넘는 인문학적 역사 연구의 전망을 제시했다는 점에서 개념사 연구의 표본적 모델로 인정받고 있습니다. 개념사 연구가 비교적 늦은 한국 사회에도 이 책의 존재는 어느 정도 알려져 있습니다.

한림과학원은 2005년 《한국 인문·사회과학 기본 개념의 역사·

철학사전》편찬 사업을 시작하여 2007~2017년 인문한국(HK) '동아시아 기본 개념의 상호소통 사업'을 수행해왔습니다. 2018년부터는 인문한국플러스(HK+) '횡단, 융합, 창신의 동아시아 개념사'로 확장하여 동아시아 개념사 연구의 새로운 지평을 여는 데 기여하고자 합니다. 전근대부터 근대를 거쳐 현대에 이르기까지 동아시아에서 개념이 생성, 전파, 상호 소통하는 양상을 성찰하여, 오늘날 상생의 동아시아 공동체 형성을 위한 소통적 가능성을 발견하는 것이 이 사업의 목표입니다. 《코젤렉의 개념사 사전》의 번역은 우리나라에서 처음 시도하는 작업으로, 유럽의 개념사 연구 성과를 정확하게 이해하는 데 필수적입니다. 그 결과물로 2010년 1차분 〈문명과 문화〉, 〈진보〉, 〈제국주의〉, 〈전쟁〉, 〈평화〉, 2014년 2차분 〈계몽〉, 〈자유주의〉, 〈개혁과 (종교)개혁〉, 〈해방〉, 〈노동과 노동자〉, 2019년 3차분 〈위기〉, 〈혁명〉, 〈근대적/근대성, 근대〉, 〈보수, 보수주의〉, 〈아나키/아나키즘/아나키스트〉, 2021년 4차분 〈역사〉, 〈민주주의와 독재〉, 〈동맹〉, 〈법과 정의〉, 〈헌법〉을 발간했습니다. 이어 이번에 5차분 〈경제〉, 〈반동-복고〉, 〈통일〉, 〈협회〉, 〈습속, 윤리, 도덕〉을 내놓습니다. 이를 계기로 개념사 연구에 대한 관심이 더욱 높아지고, 개념사 연구방법론을 개발하는 시도가 왕성해지기를 바랍니다.

2022년 10월
한림대학교 한림과학원 원장 이경구

CONTENTS

서론

CHAPTER I

Einleitung

I. 서론

1. 언어 사용과 문제 제기

●●● 이 항목에서 다루어지는 단어들은 원래 일상어에 속했던 것이다. 그러던 것이 철학에서 전문용어로 사용되다가 다시 교양 있는 사람들의 일상어에 수용되었다. 현재 그 단어들과 결합된 개념들이 과거에는 다른 단어들을 통해 다양하게 표현되었다. 하지만 이 단어들이 사용된 역사는 '윤리성Sittlichkeit'* 개념을 해명하려는 노력의 역사로 해석되어야 이해될 수 있다.

칸트Kant 이래로 독일에서 '윤리성Sittlichkeit이나 도덕성Moralität'은 어떤 행위가 규범에 맞는 것을 의미하는데, 이때의 규범은 합리적인 근거를 밝힐 수 있기 때문에 보편적으로 구속력을 가지며, 강제 수단을 통해 관철되는 게 아니라 자유롭게 인정되어야 하는 것

---

* [옮긴이] 이 책의 주제어 'Sittlichkeit'는 문맥에 맞춰 '윤리(성)', '인륜(성)', '도의', '도덕 (성)' 등으로 번역어를 다르게 했다.

이다.[1] 그러나 이와는 달리 보편적으로 구속력을 갖지 않으면서 강제 없이 통용되는 규범체계를 '도덕Moral'으로 지칭하고, 그래서 가령 '비시민적' 내지 '비기독교적인 도덕'과 구분해서 '시민적' 내지 '기독교적인 도덕'에 관해 말하는 경우도 자주 있다.

'윤리학Ethik'이라는 단어와 이 단어의 파생어들은 오늘날 점점 더 철학적인 윤리로서, 보편적 윤리성Sittlichkeit을 대상으로 하거나 아니면 보편적 구속력을 갖지 않는 특정한 도덕을 대상으로 하는 학문에 국한하여 사용되고 있다. 그래서 예컨대 '기독교 윤리학'(도덕론Morallehre)에 관해 말할 수 있는 것이다. 넓은 의미에서는 어떻게든 "올바르게" 처신하는 것과 행동의 원칙들이나 규칙들을 권하는 모든 설명 또는 가르침이 '윤리학'으로 지칭된다. 그러나 규범들은 가르침과 교육을 통해서만 작용하기 때문에 '윤리학'과 '윤리Sittlichkeit' 내지 '도덕' 간의 구분은 항상 엄격하게 관철될 수 있는 것이 아니다.

습속Sitte이란 한 공동체나 한 사회 안에서 묻지 않아도 으레 구속력 있는 것으로 간주되거나 관례적인 처신 방법이며, 뿐만 아니라 한 사회에서 습속의 엄수는 당연히 믿고 기대해도 되는 행동 규범이다. 그러나 습속들을 통해 행동을 규범화하는 것은 윤리Sittlichkeit에 도움이 되지 못하며, 도덕적moralisch 규범들을 준수한다고 해서 한 사회에서 습속일 수 있는 것이 존중받으리라고 보증할 수도 없다. 도덕적인 규범들을 위반하는 일 없이 동시에 법리적으로 중요한 "(미풍)양속良俗(gute Sitte)"만을 위반할 수는 없다.

양속의 위반은 언제나 도덕적이지 못한unsittlich것이다.

역사적으로 도덕적 자의식은, 이미 늘 존재해왔고 어떤 식으로든 이해되어온 것이 자기 의식적으로 변화되어 생겨난 것도 아니며 그 발전 과정에서 도덕적인 물음들에 대한 성찰이 현존하는 규범적 질서 체계를 의식적 성찰을 통해 뒤늦게 확인하려는 단순한 또는 대체적인 노력으로 이해되어 생겨난 것도 아니었다. 오히려 윤리적 성찰은 언제나 전승된 도덕적 신념들을 뒤엎거나 적어도 수정해야만 한다는 요구가 크든 작든 분명하게 표현될 때 등장한다. 도덕적 견해의 표명은 대개 역사적 연관관계 속에서 다의적으로 파악되며 직접 파악될 수 있는 경우는 드물다. 따라서 개념사적인 분석은 도덕적인 질문들에 대한 명확한 고찰에 초점이 맞춰져야 한다. 즉 여기서 서술하게 될 발달 과정은 결코 '윤리Sittlichkeit'라는 단어와 그 파생어들 및 다른 언어들에 있어 그 상응어들의 의미 변천에 구속되어서는 안 될 것이며, 무엇보다 도덕적이고 윤리적인 문제들의 제기와 구분, 그리고 개념 형성의 양상들을 살펴야 올바르게 알 수 있다.

2. 에토스ἦθος, '모스mos' 그리고 '습속Sitte'의 숙고되지 않은, 철학 외적인 언어 사용에 대하여

a — 에토스Ἡθος, '습속site'

'습속'과 에토스ἦθος는 그 뿌리가 인도게르만 어족의 수에드su̯ēdh * 로 소급되는데, 라틴어 '익숙한consuetus'의 어원도 여기에 속한다. 수에드의 본질적인 의미는 민족들과 인간 개개인 또는 동물들의 "고유한 생활방식"이라고 추정해도 좋을 것이다. 이 생활 방식 또는 본성Wesensart의 자의적인 변화가 자유롭게 선택되는 게 아닌 한, 또는 고의로 마음대로 할 수 있는 게 아닌 한 그것은 타당한 추정이다.[2] 이에 반해 가장 오래된 그리스어 텍스트들에서 에토스는 아직 분명하게 생명체Lebewesen의 특성으로 파악되지 않고 있으며,[3] 오히려 생명체가 그들의 생활공간 안에서 집에 있는 것 같이 편안하게 지내는("거주하다wohnen") 방식을 의미하고, 마찬가지로 이 생명체의 생활-"습관들"로 특징지어진 생활공간 자체를 의미하기도 한다.[4] 그래서 에토스가 간혹 노모스νόμος("생활 질서 Lebensordnung", "헌법Verfassung", "법률Gesetz")와 결합해 등장하는 것은 사실이다. 그러나 노모스가 인간의 행동을 통해 형성된 질서라는 함축적 의미를 지니는 반면, 에토스는 그때그때 발견된, 경우에 따라서는 생성되거나 습득된 생활방식Lebensart을 의미한다. 에토스라는 단어가 사용될 때 도덕성과 윤리성Sittlichkeit과의 특정한 관계에 대해서는 여기서도 다른 곳에서도 다루어질 수 없다.[5] 에토스의 원래의 이 용법은 비교적 오래된 독일어 텍스트들에서 사용된 '습속'의 용법과 일치한다.[6] 그래서 처음에는 아직 단수 형태의 남성 명사였던 '시테site' 안에 한 민족의 생활공간과 생활습관이 통합된다. "모든 나라는 그만의 습속을 갖고 있다ein jowelk lant heft sinen sede."[7] 그리스의 언어 공간에서와 달리 독일어에서의 습속은 원래 구속력을 갖는 어떤 것을 의미하는데, 분명하게 '미풍양속gute Sitten'이 화제가 될 때가 그런 경우이다. "최고의 정중함과 최고의 점잖음, 그것이 미풍양속이고 행실 바름이며 명예심이다die best gezierd und hoechster nam, das sint gt sitten, zucht und scham."[8] 그런데 이러한 용법에서 습속이 미풍양속을 의미하는 이유는 결코 습속이 도덕적으로 필요한 것으로 간주되어서가 아니라, 공동으로 함께 승인하고 동의한 전래된 생활 방식에 속하기 때문이다.

b—'모스Mos'

'도덕moral'이라는 단어는 어원학적으로 다른 뿌리, 즉 라틴어의 '모스mos'에서 유래한다.[9] 일반적으로 복수형인 '모레스mores'만이 '에토스'와 '시테'처럼 넓은 의미로 사용된다. 반대로 단수형인 '모스'에는 비교적 오래된 용례와 그 이후의 용례에서까지도 개인의 의지, 아니 고집을 인식할 수 있는 관계가 포함되어 있다. 가령 플라우투스Plautus가 "아들은 아버지의 뜻과 명령에 따른다 oboediens est mori atque imperiis patris"[10]고 말할 때나, 베르길리우스 Vergil가 로마 민족에게 "명령으로써 여러 민족들을 다스리고, 평화를 관습화하고, 패배한 자들에게는 관대하고, 교만한 자들은 전쟁으로 분쇄하도록 하라regere imperio populos …… pacique imponere morem, parcere subiectis et debellare superbos"[11]는 특별한 역사적 임무를 승인했을 때가 그렇다. 로마인들에게는 "조상의 관습mos maiorum"이 에토스와 '시테'보다 훨씬 더 오랫동안 구속력을 갖는다.[12] 물론 '관습을 도입하다morem inducere'(세우다condere, 만들다 constituere)와 같은 관용적인 표현들은 그리스나 게르만-독일의 어법에서와는 다르게 의도적인 변경을 암시한다.[13] 그러는 사이 이 같은 의미의 차이는 '에토스'를 '모레스'로 번역하는 것에 어떠한 어려움도 야기하지 않았을 뿐만 아니라, 오히려 헬레니즘 시대의 철학적 성찰에 의해 변화되어온 그리스의 언어 용법을 따랐다.[14]

이후 철학 용어에서 윤리학적인 것, 도덕적인 것 또는 윤리적인 sittlich 것을 기술하기 위해 사용되었던 표현들은 철학에서 사용되기 이전의 용례에서 특별하게 윤리학적인 또는 도덕적이거나 윤리적인sittlich 함의를 갖지 않았다. 역으로 철학에서 사용되기 이전의 용례에서도 도덕적이거나 윤리적인sittlich 상황을 기술하기 한 정확한 표현이 따로 있지는 않았다. 오히려 고려 대상이 되는 모든 표현들은 그때그때의 맥락에 따라 여전히 수많은 다른 의미들을 가지고 있다. 이렇게 언어를 조사해본 결과 유추해낼 수 있는 점은 특별하게 도덕적인 관계들에 대한 분명한 의식이 그리스 철학에서 윤리학적 성찰이 시작되기 전까지는 존재하지 않았다는 사실이다.

3. 고대 철학에서 윤리학의 생성

그리스의 계몽 시대에 에토스의 의미는 노모스(관습, 법)의 구속력과 마찬가지로 불확실했다. 기원전 5세기 초에 헤라클레이토스Heraklit가 백성은 노모스를 국가의 성벽처럼 잘 지켜야 한다[15]고 공언했던 반면, 이미 기원전 5세기 말에는 폴리스의 헌법Verfassung과 여기에 근거하는 정의가 어떤 구속력도 요구할 수 없는 관습과 인간의 자유재량의 결과로서 널리 간주되었다. "미풍양속gute Sitten"이라는 말이 통용되었는지도 그다지 확실하지 않은데, 이는 '예의바른wohlgesittet'(εὐήθης)이라는 단어의 의미 쇠퇴로 가장 잘 드러난다. 이미 기원전 4세기 초에 이 단어는 일반적으로 "우직한einfältig"의 의미로 사용된다.[16]

그러나 전해오는 생활 질서들의 이 같은 해체는 법과 도덕의 합리적인 근거 제시를 위한 성찰의 전제였으며, 동시에 법철학과 도덕철학이 시작되기 위한 조건이었다. 이 법철학과 도덕철학에서는 더 이상 전승되어오는 습속Sitte이 아니라, 개인적으로 책임져야 하는 행동에 대한 보편적으로 구속력 있고 이성적인 척도의 문제가 중요했다. 그렇게 해서 개인의 특별한 도덕적 자기 이해가 중요해지기 시작했으며, 그것은 바로 그때까지 공동체에서의 공생을 가능하게 했던 규범들로부터, 즉 노모스와 에토스로부터 전향하면서 시작된 것이다. 그러나 오늘날에도 일반적으로 거의 언급되지 않은 이 같은 발전의 역설은 에토스라는 단어가 한참의 우회를 거친 후에 "윤리학Ethik"이라는 제목하에 이 새로운 종류의 문제를 제기하는 계기가 되었다. 기원전 7세기 말 이래 그리스에서 비교적 신속하게 개인의 자의식이 형성되도록 이끌어온 역사적 과정 속에서, 기원전 5세기경에는 종교적-도덕적으로 책임져야 하는 개인의 결정에서 비롯된 행동도 특별한 의미를 얻게 된다.[17]

a — 소크라테스에 의한 개인의 도덕성 발견

소크라테스는 이 새로운 자의식을 일깨우는 일에서 자신의 필생의 과제를 발견했던 것 같다. 그의 확신에 따르면 모든 행동에서 중요한 것은 오직 그 행동의 정당성 여부이다.[18] 행동의 정당성이 있어야만 영혼이 선해진다.[19] '선한gut'(ἀγαθόν)과 '덕Tugend'(ἀϱετή) 같은 단어들은 소크라테스의 언어에서 처음으로 특별하게 도덕적인 의미를 얻는다. 그렇다고 해서 이 의미가 여타 모든, 도덕 외적인 의미로부터 분명하게 구분된 것은 아니다. 부당한 일을 행하느니 부당한 일을 당하라는 소크라테스의 유명한 가르침이 뜻밖의 모습을 지니는 것은 사실 그의 불명확한 언어 사용 때문이다.[20] 그는 특별하게 도덕적인 용법만큼이나 잘 정의된 '도덕성'이라는 개념도 자유롭게 사용할 수 없었다. 다른 사람들과의 대화를 통해 '덕'에 관해 정의하려는 그의 노력은 주지하다시피 논리적 궁지에 빠지고, 그가 반복적으로 자신의 무지를 고백한 것은 단순히 반어反語만이 아니었음은 분명하다.[21] 오히려 그에게 특기할 만한 사실은 그가 자기이해 안에서 결정적인 의미에 이른 도덕적 신념들을 지식으로 변화시키려고 노력했다는 점이고, 그런 노력이 지금까지 그 자신에 의해서도 다른 사람들에 의해서도 성공하지 못했다는 사실을 통찰했다는 점이다.

b ─ 플라톤 철학에서 도덕론Sittenlehre으로서의
덕론德論(Tugendlehre)

그러나 플라톤의 이른바 소크라테스의 초기 대화편에서는 실제적인 지식이 문제인지, 또는 이성의 관조적 인식을 말하는 것인지 여전히 불분명하다.[22] 플라톤은 소크라테스 사후 약 20년 동안 전승되어온 도덕적 견해에 대해 경멸 그 이상의 감정은 거의 갖지 않았다. 그는 처음에는 심지어, 덕을 정의할 수 없는 사람이 덕을 소유한다는 것에 대해 의심하는 것 같았고,[23] 지식이 아닌 신념에 근거한다는 이유만으로 전통적인 견해들을 이미 무가치한 것으로 간주했다. 이에 반해 "상기Erinnerung"(ἀνάμνησις)에 관한 플라톤의 학설은 대략 중기 초에 결정적인 전환을 했다. 이에 따르면 모든 인간은 태어나기 전부터 이미 모든 사물의 진실을 간파하고, 그래서 그들의 지상에서의 삶에서 그 진실을 분명하게든 희미하게든 상기할 수 있으며, 따라서 그들은 철학적인 통찰 없이도 도덕적인 문제들에 대해 전적으로 "참된 의견"(δόξα ἀληθής)을 가질 수 있고 그에 맞게 행동할 수 있다[24]는 것이다. 사실 "참된 의견"이란 단순한 신념들이 그렇듯 근거가 없다면 불확실하고 신뢰할 수 없는 것이 사실이지만, 본질적으로는 선善의 관념에 대한 철학적 인식과 일치한다.[25] 따라서 플라톤의 중기 대화편에서는 전통적인 도덕적 견해들의 가치가 완전히 부정되는 것이 아니라, 철학적으로 근거가 제시된 '덕에 대한 지식'을 고려하여 상대화될 뿐이다. 습관과 생활 속 실천을 통해 습득된 "대중적인 덕"(대중적이고 시민적인 덕δημοτικῆς καὶ πολιτικῆς ἀρετή)[26]의 명예 회복을 통해, 이제 "습속Sitte"도 개인적이고 특징적인 품성Wesensart이라는 의미에서, 즉 개인의 에토스로서 플라톤의 도덕철학적 사고 안에서 한 자리를 차지할 수 있게 되었다.

이 같은 구상은 무엇보다 특히 신중함과 용기를 인간 특유의 본성(ἦϑος)으로 묘사하고 있는 《국가Politeia》에서 인간의 기본 도덕에 관한 가르침의 토대를 이루고 있다. 그러한 덕들은 확실히 도덕적 장점이 아니라 교육을 통해 습득된 성질이다.[27] 플라톤의 정의에 따르면 '용감한 용사'란 '근면한 노동자'와 마찬가지로 사회의 유용하고 유익한 구성원이긴 하지만, 그의 그러한 사회적인 덕이 도덕적인 장점으로서 칭찬받을 만한지는 무엇보다 그가 어떤 신념과 확신으로 용감하거나 근면한가에 달려 있다. 플라톤은 '대중적인 덕volkstümliche Tugende'(δημοτικαὶ ἀρεταί)을 뚜렷한 장점으로 정의하면서도[28] 하필 도덕적으로 중요한 것은 소홀히 했다. 이것은 정의Gerechtigkeit도 이런 방식으로 파악하려는 그의 시도에서 극명하게 드러난다. 정의는 엄연히 외적인 행동의 성질로서가 아니라 영혼의 각 부분들의 질서정연한 공동 작업으로서 이해되어야 한다는 것이다.[29] 그러므로 어떤 정의로운 행위의 도덕적인 질 moralische Qaulität, 즉 그것이 다른 행위의 정당한 요구들에 대해 갖는 관계는 고려의 대상에서 벗어난다.[30] 그렇기 때문에 에토스에 관한 가르침으로서 플라톤의 덕론은 정확한 의미에서 '윤리적인' 이론이라고 부를 수 없는 것이다.

비록 플라톤이 도덕적인 것das Sittliche이라는 특정한 개념과 윤리적인 이론을 발전시키는 데 성공하지 못했다 하더라도, 경험과 교육을 통해 습득되는 에토스로서의 덕에 대한 그의 이론은 그의 학파의 경계를 넘어 멀리 후대의 모든 성찰들을 규정했고, 철학의 한 분과 학문으로서의 "윤리학Ethik"이라는 개념이 정착되도록 만들었다. 이것이 주의를 끄는 이유는 플라톤에게 유덕한 에토스가 도덕적인sittlich 통찰의 극히 불완전한 형태 그 이상은 아니었기 때문이다. 그렇기 때문에 그의 이해에 따르면, 유덕한 윤리ἦθη에 관한 이론("Ethik")은 결코 도덕적인sittlich 것에 대한 철학적 개념을 발전시킬 수 없는 것이다. 그럼에도 불구하고 도덕적인sittlich 문제들에 대한 철학적 논의가 즉시 "윤리학"이라는 제목 아래 회부되었다는 사실은, 잘 정의된 용어도 '윤리성Sittlichkeit'에 관한 명료한 개념도 없었기 때문에 임시로 변통했음을 드러낸 것뿐이다. 그러므로 "윤리학"으로 등장하는 철학 분과의 역사를 설명하자면, 우선 추구할 만한 가치가 있는 삶과 행동의 개념과 어떻게든 연관된 아주 다양한 온갖 현상과 문제로부터 점점 더 분명하고 확실하게 도덕적인sittlich 것의 개념을 구분해내려는 시도로 고찰

할 수 있을 것이다.

c—아리스토텔레스에게 철학의 분과 학문으로서 "윤리학Ethik"

이와 같은 전사前史를 알고 있어야 《윤리학Ethik》이라는 제목으로
전해지고 있는 아리스토텔레스의 두 권의 저술이 주장하는 체계
적인 요구를 이해할 수 있다. 여기서도 "윤리학ἠθικά"의 기본적인
의미는 본성Wesensart과 성격Charakter에 관한 연구라는 것이 드러
나는데,[31] 이는 일상적으로 사용되는 에토스의 용법에 상응하는
것이다. 이러한 연구들에서 정의에 관한 설명이 나오는 경우, 이
것은 아리스토텔레스가—플라톤보다 훨씬 더 단호하게, 그리고
무엇보다 플라톤처럼 유보하지도 않고—한 인간의 개인적인 본성
Wesensart(에토스)을 그의 덕 이론의 중심에 놓는다는 사실에서 쉽
게 설명된다. 즉 그는 '지적인 장점들'(διανοητικαὶ ἀρεταί)은 차치
하고 덕을 '본성의 장점들'(ἠθικαὶ ἀρεταί)[32]로 간주한 것이다. 그의
해석에 의하면, 이 장점들이란 영혼의 한 부분이 우수하기 때문에
나타난다. 다시 말해 영혼 중의 우수한 부분이 비록 비이성적이고
쾌·불쾌에 민감하며 열정과 욕망에 종속되어 있긴 하지만, 그럼
에도 불구하고 이성적 통제가 가능할 만큼 우수한 덕분에 그런 장
점이 나타난다는 것이다.[33] 그렇기 때문에 아리스토텔레스는 특징
적인 장점들로서 용기, 겸손, 신중, 정의, 그리고 친절, 품위 있는
태도, 의연함, 대범함, 관대함을 들고 있다.[34] 주지하다시피 이때

과다와 과소의 양극단 사이에서의 "올바른" 중도Mitte가 "올바른" 상태Verfassung로서 각각 입증되어야 하는 것이다.[35]

그러한 행동은 "고귀하고 아름답다"(καλόν). 그러나 이 표현은 아리스토텔레스의 글에서는 말할 것도 없고 그의 시대의 그리스의 일상어에서도 분명한 도덕적 의미를 갖지는 않는다. 이 표현의 모호성은 《니코마코스 윤리학Nikomachische Ethik》에서도 불식되지 않고 있다. 용감한 사람은 "아름다움과 고상함"을 위해 고통과 공포를 불러일으키는 것을 견뎌낸다.[36] 이 맥락에서 기분 좋게(ἡδύς) 달성될 수 있는 목표는 "아름답고 고상한" 것으로 여겨진다. 마치 권투 선수가 승리의 화환과 명예 표창을 받기 위해 격투의 고통을 참아내는 것과 마찬가지이다.[37] 이 비유를 보면 아리스토텔레스가 "아름다움과 고상함"을 도의적sittlich으로 요구되는 용감한 행동의 목적으로 해석한 것이 아니라, '달콤하고 영예롭게'(dulce et decorum) 쟁취되어야 하는, 승자에게 주는 일종의 상품으로 해석하고 있음을 알 수 있다.[38]

'덕'(ἀρετή)이라는 단어 또한 아리스토텔레스에게서 결코 특별히 도덕적인 것에만 한정된 의미를 갖지 않는다는 사실은 그가 지적인 장점들(διανοητικαὶ ἀρεταί)을 덕으로 인정하는 데서 이미 드러난다. 이는 '덕'에 관한 그의 정의를 생각해보면 아주 분명해진다. 그가 정의한 덕은 쓸모 있는 것 또는 무언가를 해내는 것에 대한 최선의 관념이고 상태이며 능력이다.[39] 따라서 본래 '덕'이 의미하는 바("쓸모 있다taugen")에 부합된다. 그러므로 특별하게 인간

적인 것이 아니며[40] 특별하게 윤리적인 개념은 더욱 아니다. 아리
스토텔레스에 따르면 한 인간의 쓸모 있음은 특별하게 인간적인
능력을 완전히 발휘하는 데 있으며,[41] 따라서 외적인 재화가 충분
히 갖춰진 경우 그것은 곧바로 충만한 행복으로 이어진다.[42] 만약
아리스토텔레스에게 윤리적인 개념들의 정의가 우선이었다면
'덕'과 '행복'과 '외적인 재화'의 관계를 이런 식으로 규정하기는
어려웠을 것이다.

《에우데모스 윤리학*Eudemische Ethik*》 내지 《니코마코스 윤리학》
으로 전승되어온 두 연구서들[43]의 핵심 주제 또한 분명 '윤리
Sittlichkeit'가 아니라 '행복'이었다. 그렇기 때문에 비록 이 연구서
들이 도덕적으로 중요한 문제들을 자주 논하고, 아리스토텔레스
가 완벽하게 성공한 인간의 삶을 설명하면서 추구한 인식론적 관
심사Erkenntnisinteresse 중에 윤리적 문제들에 대한 해명을 확실히
포함시키고 있긴 하지만, 엄밀한 의미에서 윤리학 저술들이라고
부를 수 없는 것이다. 그러므로 아리스토텔레스는 고의적이고 계
획적인 행동만이 행위자에게 그 책임을 지울 수 있다는 것을 인식
하고 증명한 최초의 인물로서,[44] 플라톤보다 훨씬 앞서 행위론
Handlungslehre의 기초를 마련했다. 그러나 그는 이성적인 행동은
오직 합목적적인 활동으로서만 파악될 뿐이라는 소크라테스-플
라톤적인 가정에서 벗어날 줄 몰랐기 때문에, 책임감 있는 행동에
대한 개념을 완전하게 전개하는 데까지는 이르지 못했다.[45] 이 사
실은 그의 행위 개념이 행위 당사자들과 어떤 관계도 없다는 데서

가장 분명하게 드러난다. 그러므로 아리스토텔레스의 행위 개념에는 어떤 규범적 요소도 포함되어 있지 않다.

d—초기 스토아 철학에서의 도덕적 의무론을 위한 단초들

스토아 철학에서 도덕적 문제들과 도덕적 구분들 쪽으로 비교적 뚜렷한 방향 전환이 일어났다는 사실에는 오인의 여지가 없다. 그것은 일상어의 가치평가적인 술어들Wertprädikat이 이제 현대적이고 윤리적인 어법에 근접하는 특유의 도덕적 의미를 얻는 결과를 초래한다. 그래서 "아름다운 것, 고귀한 것"(τὸ καλόν)이라는 표현은 늦어도 3세기 중반 이후에는 크리시포스Chrysipp에 의해 "도덕적으로 훌륭한moralisch gut"이라는 의미로 쓰인다. 키케로가 그것을 '고귀함honestum'으로 번역할 때, 도덕적으로 훌륭한 것이 명예를 가져온다는 의미가 아직 감지되고 있는 것은 사실이다. 하지만 실은 그것이 아니라 '도덕적으로 훌륭한 것'이라는 개념을 의미한다는 것이 그의 다음 글에서 아주 분명하게 드러난다. "우리가 이해하는 바로는 도덕적으로 훌륭하다는 것은 모든 유용성을 떠나 보수나 이득 없이 그 자체로 합당하게 칭찬받을 수 있는 성질의 것을 말한다Honestum id intellegimus, quod tale est, ut detracta omni utilitate sine ullis praemiis fructibusve per se ipsum possit iure laudari."[46] 크리시포스가 도덕적으로sittlich 훌륭한 것(καλόν)을 덕(ἀρετή)[47]이라고 밝히는 경우, 그것이 더는 4세기까지처럼 어떤 형태의 유용성이 아니라 도덕적 우월성을 의미하는 것이라고 가정해도 좋을 것이다.

그럼에도 불구하고 '도덕적으로 훌륭한 것'의 개념을 이해하고 설명하는 것이 얼마나 어려운 일인지는 이 개념을 통속적인 가치관에 맞서 주장하고 이해시키려고 했던 스토아학파 사람들의 시도가 말해준다. '도덕적으로 훌륭한 것'과 '일반적으로 훌륭한 것'(ἀγαθόν)의 동일시에서 출발한 제논Zenon은 삶과 명예, 쾌락, 부, 건강과 같은 전통적인 가치들은 사실 뭔가 무차별적인 것(ἀδιάφορον그 자체로 좋지도 나쁘지도 않은 것)[48]이라는 테제가 요구된다고 생각했다. 정말로 나쁜 것은 도덕적으로 비난받아 마땅한 것일 뿐이며,[49] 정말로 좋은 것은 크리시포스에게서와 마찬가지로 도덕적으로 훌륭한 것(μόνον τὸ καλόν ἀγαθόν)일 뿐이다.[50] 이로써 특별히 도덕적이지 않은 모든 가치들에 대한 특유의 경시가 스토아 철학 내에서 영구히 승인된 것이다.

말이 난 김에 덧붙이자면 스토아학파가 도덕적 개념들의 해명에 크게 기여한 완전한 의무와 중간 정도의 의무 간의 구분도 이러한 모호성 및 이와 유사한 모호성으로부터 자유롭지 못하다.[51] 가령 그것은 도덕적으로 훌륭한 것과 도덕 외적인 장점 간의 구분에 상응하며, 도덕적 신념에서 비롯된 행동으로부터 의무에 따른 행동을 구분하고[52] 명백하게 구속력을 갖는 도덕적 규범과 상치되는 행위를 도덕적으로 합리화하는 데 기여할 수 있었다.[53] 따라서 윤리적 성찰의 중심은 행위의 결과와 행위의 외적인 상황으로부터 점점 더 행위자의 의도와 의지로 옮겨간다. 어떤 행위의 도덕적 가치는 더 이상 그 행위의 실천에 있지 않고 그 행위를 하겠다는 결심에 있다고 보게 되었다.[54] 이제 적당한 행위 가능성의 자유로운 사용이 아니라, 행위자의 의지와 정신적 태도가 도덕적으로 유일하게 중요한 것으로 간주되었다.

e— '도의Sittlichkeit'와 '예의Anstand' 그리고 '유용성'

보편적으로 구속력을 갖는 도덕적 요구들에 대해 그 근거를 제시하려는 소크라테스로 소급되는 온갖 시도들의 중심에는, 도덕적 의무의 이행이 '유용하다(ὠφέλιμον, χρήσίμον, utile)'는 것을, 다시 말해 도덕적 의무의 이행이 행위자의 목적에 도움이 되며 그의 이익에 상응한다는 것을 증명함으로써만 그것이 가능하다는 확신이 있었다. 따라서 파나이티오스Panaitios가 기원전 약 130년경에 키케로 류의 책들의 기초가 된《의무론Über die Pflichten》이라는 저서에서 "도의Sittlichkeit"와 "유용성"을 원칙적으로 구분하고 이 둘 사이에 있을 수 있는 갈등에 대한 문제를 조사하기로 했을 때,[55] 그것은 스토아학파의 경계를 훨씬 넘어서는 중대한 혁신이었다. 일상적으로 사람들이 이해하는 바에 따르면 이 두 개념('내면의 고결함과 강직함, 확고한 도덕심honestas'과 '유용성utilitas')은 그 시대에 어차피 대립을 이루고 있었는데, 이에 대해서는 키케로에게서 들어 알고 있다. "말의 쓰임새가 잘못되어 올바른 길에서 벗어나 차츰 도덕을 유용성으로부터 떼어내어, 유용하지 않고서도 도덕적일 수 있고 도덕적이지 않고서도 유용할 수 있다고 받아들일 정도가 되었다Lapsa consuetudo deflexit de via sensimque eo deducta est, ut honestatem ab utilitate secernens constitueret esse honestum aliquid, quod utile, quod non honestum."[56] 파나이티오스와 키케로 두 사람은 모두 이 같은 언어 사용을 아주 위험한 것으로 간주했다. 그럼에도 불구하고 그들은 더 이상 거기에 저항하지 못하고, 편안하고 쾌적한 삶vitae commoditas iucunditasque에 기여하며 자기주장의 수단으로 쓰이는 모든 것을 유용한 것에 포함시킨다.[57] 그래서 그들 저서의 제2권에 서는 제1권에서 전개한 덕론 및 의무론과는 원칙적으로 무관하게, "어떻게 사람들의 연구를 우리들의 편의로 끌어들여 격려할 수 있 는지를 논한다quonam modo hominum studia ad utilitates nostras allicere atque excitare possimus",[58] 특히 어떤 방법들을 써야 권력과 명예를 획득할 수 있는가 하는 문제를 논한다.[59] 그와는 달리 "도의 Sittlichkeit" 개념은 모든 일상어적 어의語意와 키케로에게서도 단연 지배적인 어의를 무시하고, 사회적인 인정으로부터 분명히 벗어나 게 되었다. 도의적인sittlich(도덕적으로 훌륭한, 의로운honestum) 것은 사회로부터 칭찬받지 않을 때조차도 명예로운 것이다. 누구로부터 칭찬받지 못할지라도, 그것은 "당연히 칭찬할 가치가 있다." "유명 하지는 않을지라도 명예스러울 수 있으며, 아무도 칭찬하지 않더 라도 칭찬할 말한 것일 수 있다honestum, quod etiamsi nobilitatum non sit, tamen honestum sit, quodque vere dicimus, etiamsi a nullo laudetur, natura esse laudabile."[60]

"도의Sittlichkeit"와 "유용성" 간의 갈등은 일찍이 키케로가 유용성에 대한 고려보다 도덕적인 의무가 앞선다[61]는 규범을 인정하면서 해결되었고, 다른 한편 규범적인 기본질서는 자기보존과 안녕을 위한 자연스러운 노력에 모순되지 않고 오히려 부합하며, 그런 까닭에 "자연스러운"[62] 것임을 확인하는 가운데 해결되었다. 이같은 확인은 도덕적 의무들이 종종 행위자의 정당한 개인적인 이해관계에 일견 모순되는 것처럼 보인다는[63] 통찰을 통해 보완된다. 이 경우 일반적인 도덕적 규범은 주어진 상황 속에서 전혀 적용될 수 없기 때문이다.[64]

그러나 키케로가 '도의Sittlichkeit'와 '예의Anstand'(decorum)를 정의하려고 시도하는 가운데 여전히 부딪치는 어려움들은 그의 시대에도 도덕적인 덕을 도덕 외적이고 사회적인 장점들로부터 구분하는 것이 아직은 일반의 의식 속에 전혀 들어와 있지 못했음을 알 수 있게 해준다.[65] 이와 반대로, 가령 플라톤이 선Gut의 개념을 거의 전적으로 '유용한 것'과 '미학적으로 아름다운 것'이라는 개념들을 통해서만 정의하고 있음을 상기한다면, 여기서도 400년 동안 '윤리성Sittlichkeit' 개념을 해명하는 도상에서 이룬 진보가 분명해진다. 그러나 이로써 또한 기독교 바깥의 윤리적인 성찰로는 더 이상 넘을 수 없는 경계가 동시에 그어진 셈이다.

4. 종교개혁 이전까지의 기독교와 기독교 신학에서의 '도덕성Sittlichkeit'

보편적으로 구속력 있고 합리적으로 규명될 수 있는 도덕성Sittlich-keit 이념의 생성은 그리스 철학에서의 윤리적 성찰의 기원과 아주 밀접한 관련을 맺고 있다. 그래서 '도덕성Sittlichkeit' 개념사 연구에서 유대교 및 기독교의 신의 마음에 드는 삶에 대한 신념은 중요해 보이지 않을 정도이다. 구약은 도덕적인 의무와 도덕 외적인 의무, 예를 들어 종교적인 의무를 구별하지 않는다. 신의 불가해한 뜻에 달려 있다는 확신이 원인에 대한 질문을 신성모독적인 것으로 생각하도록 하는 상황에서는 파악 가능하고 증명 가능한 덕론과 의무론이 발전할 수 없다. 구원에 중요한 온갖 의무들이 계시를 통해 인식되고 신과의 계약을 통해 주어진 것처럼 보이는한, 도덕적 구속력의 보편성은 인정될 수 없었다. 유대교 및 기독교의 자기이해의 한계를 넘어서고, 이 종교적 의무들 가운데 많은 것이 전적으로 신학적 전제로부터 벗어나 합리적으로 증명 가능하다는 것을 인식할 때에야 비로소 그리스-로마의 도덕Sittlichkeit과 유대교 및 기독교의 신앙적 신념 간의 비교 가능성은 화제가 될 수 있다.

그런 다음에야 그리스인 및 로마인의 기본 신념은 물론이고 유대교 및 기독교의 기본 신념도 그들 나름의 특수한 한계를 갖고 있다는 사실이 드러난다. 그러니까 모세의 제2십계명의 금지 사항들은 의심의 여지없이 보편적인 구속력을 가지며, 따라서 그것은 신에 의해 선택된 유일 민족에 한해서만 적용될 수 있는 것도 아니었고, 꼭 불가해한 신의 의지까지 소급해서 물어볼 필요도 없는 것이었다. 그러나 다른 면으로 볼 때, 그리스 및 로마의 윤리학에 있어서도 도덕적 규범이 구속력을 갖는 원인에 대해 만족스럽게 해명되지 못했고, 또한 자연 법칙적 개념과 행복한 삶의 가능성에 대한 물음으로부터 도덕성Sittlichkeit의 이념이 도출되지도 못했다. 그리스인들과 로마인들의 윤리적 성찰에서 도덕Sittlichkeit은 구속력 있는 규범들과 의무들을 토대로 해서만 가능하다는 사실이 늦게야 비로소, 그것도 불완전하게 인식되고 표현되었던 반면, 구약에서 신의 명령의 구속력에 대한 확신은 이미 항상 전제되어 있었다. 고대의 도덕Sittlichkeit과 옛 유대인의 신앙적 확신의 만남이 기독교에서 불가피하게 등장할 수밖에 없었던 것처럼, 그 만남으로부터 마침내 원래의 경계를 넘어서는 윤리적 성찰의 심화가 일어날 수 있었다. 물론 그와 더불어 제기된 합의의 문제들도 오늘날까지 아직 모든 방면에서 다 명확하게 해결된 것은 아니다.

a — "황금률Goldene Regel"과 사랑의 계율

예수의 가르침과 고지告知는 기존 세계질서의 임박한 종말에 대한 확신을 토대로 한다. 때문에 사람들은 기존 가치질서 안에서의 질서 잡힌 공동생활을 가능하게 해줄 규범들과 의무들에 관한 가르침을 결코 거기에서 맨 먼저 구하지는 않을 것이다. 그럼에도 불

구하고 복음서들에는 부분적으로는 고대의 윤리학에 가깝고 부분적으로는 그것과 특별하게 구별되며 또 비교 관찰이 충분히 가능한 가르침들이 빠지지 않고 들어 있다.

행동의 근원은 신념이며 신념만이 도덕적이고 종교적인 가치판단의 대상일 수 있다는 가르침은[66] 헬레니즘의 일반적인 도덕관 속에서도 계속된다. 구약의 율법에 따르면 완료된 행위여야 비로소 심판의 대상이 되지만, 신약의 율법에 따르면 행동에 이르지 않은 마음의 동요만으로도 이미 유죄판결을 받기에 충분하다.[67] 이것은 사람들이 타인의 인정이나 감탄을 구하기 때문에 바로 이런 이유에서만 선을 행한다는 헬레니즘 사상의 자명한 경고와도 일치한다.[68]

예수 그리스도가 동시대 유대인들의 해석과 같이[69] "율법과 선지자들"을 헬레니즘의 전통에서 유래하는 "황금률" 안에서 다음과 같이 요약할 때, 도덕관의 비교 가능성은 특히 분명해진다. "사람들이 너희들에게 해주기를 바라는 그것을 너희들도 그들에게 해주어라."[70] 이때 아주 특기할 만한 점은[71] 이 규칙이 여기서는 "사람들이 너에게 하지 말았으면 하는 바를 너도 다른 사람에게 하지 말라"는 부정적인 형태로 서술되지 않는다는 것이다. 예수가 "황금률"을 금지의 규범으로서가 아니라 명령의 규범으로서 율법과 선지자들의 총합Summe으로 만든다면, 이는 모세의 제2십계명에 대한 고려에서가 아니라 구약의 이웃 사랑의 계율을 통해서 정당화될 수 있을 것이다.[72] 명령의 규범은 금지의 규범을 전제하고 포함하기 때문에, 전통적이고 정통적인 법 해석과의 의식적인 대립 속에 있는 보편적이고 합리적으로 증명 가능한 도덕의 모든 범위가 대충 토라Thora의 본질적인 내용이라고 말할 수 있다. 그러나 긍정적인 어법의 "황금률"이 헬레니즘기의 윤리에서 성찰의 대상이 된 도덕Sittlichkeit의 범위를 한정짓기 때문에, 여기에서 드러나는 공통점을 서양의 가장 중요한 양대 전통 중 하나인 헬레니즘 시대에 생성되어 일치를 본 도덕적 확신들의 존속으로 간주해도 좋을 것이다.

그럴 때야 비로소 예수의 가르침에서 사랑의 명령에 대한 특별한 해석과, 이 해석이 구약성서의 윤리뿐만 아니라 헬레니즘 시대 철학의 윤리에 대해서도 갖는 차이가 충분하게 밝혀질 수 있다. '도덕성Sittlichkeit'의 개념사를 고려할 때 예수의 가르침에서의 새로운 점은 이웃 사랑의 명령이 엄명하게 적에게로 확대될 때 가장 분명해진다.[73] 이것은 선행에 보답할 뿐이라든가, 베푼 선행에 대한 보답을 기대할 수 있는 사람들에게만 친절을 표한다면 그것은 공로가 되지 못한다는 생각에 근거하는 것이다.[74] 이것은 자기 이해관계에서 비롯된 겉보기에 도덕적으로 훌륭한 행동들 또한 도덕적으로 공덕이 되지 못하거나 칭찬받을 만하지 못한 것으로 간주된다는 사실에 대한 적절한 언급으로 이해될 수 있다. 그러나 성경 텍스트의 문맥으로 보건대, 입장을 바꾸어볼 때 자기 자신에게도 이득이 되는 선행들 또한 공덕이 되지 못한다고 해석된다. '주고받기'의 대칭적 사고가 완전히 극복되었다고 볼 수 없기 때문이다.[75] 이런 해석에 따르면 "세리들"과 "이교도들" 그리고 "죄인들"[76]이 부정적이고 긍정적으로 표현된 "황금률"에 관심을 갖는 한 그들도 정의와 연대의 덕을 실행하는 것이다. 이와는 반대로 예수의 가르침에 나오는 이웃을 사랑하고 원수를 사랑하라는 명령은 완전한 무사無私의 덕에서 우러나온 행동들만이 공덕이 큰 것임을 말해주고 있다.[77]

b—사도 바울의 신학에서 신의 의로움과 행위의 법칙

사도들의 선교적인 가르침은 임박한 신의 제국에 대한 고지와 사심 없는 이웃 사랑에 대한 요구와 부활한 그리스도에 대한 믿음을 전파한다. 사도 바울Paulus 이래로, 믿음이 또 다른 두 개의 기독교적 미덕인 희망과 사랑보다 먼저 언급된다는 점은 의미심장하다. 그리스도가 죽음을 통해 인류를 구원했고 이 구원 행위에 대한 믿음으로부터 구원이 비롯된다[78]는 확신은 세 가지 미덕 중 사랑이 최고라는 단언[79]에 반대되는 것이다. 이 믿음의 우위는 아무도 그의 행위를 통해 신 앞에서 자신의 정당함을 인정받는 사람은 없다는 확신[80]을 통해 지지된다. 그리스도가 헛되이 죽었다[81]고 부득이하게 시인할 요량이 아니라면 이것을 받아들이는 것은 불가피해 보였다. 신의 총애를 받을[82] 독점적 권리에 대한 이스라엘 민족의 요구는 이제 그리스도를 믿는 사람들에게 전염되었다.[83] 그런데 이것이 헬레니즘기의 윤리성Sittlichkeit으로부터의 과격한 전향을 필수불가결하게 만들었다.

사도 바울은 전 인류가 원죄로 인해 신 앞에 죄인이며 그리스도에 의해 죄업의 폭력으로부터 해방되었다[84]는 확신 속에서 신 앞에서는 결코 행위가 중요한 게 아니라 십자가에 못 박힌 예수 그리스도에 대한 믿음만이 중요하다고 믿고 싶어 했다. "그러므로 이제 인간은 법(의 장치) 없이 믿음만으로도 의롭다고 생각한다."[85] 따라서 예수의 죽음에 관한 문장들을 진실로 간주하는 것이 구원의 필요조건이 되는 반면, 도덕적 가치판단에서 의견들은 행동의 의도에 직접적으로 관계되는 만큼만 중요하다. 그러므로 도덕적 기준에 따르면 사도 바울의 구원의 기대는 정당화되지 않는다.

이것은 사도 바울이 신앙을 신의 순수한 은총의 선물로 설명하고, 신의 구원의 선택에서 인간의 의지와 노력이 갖는 모든 의미를 부인할 때 한층 더 분명해진다.[86] "그러므로 신은 완전히 자신의 의지대로만 행동한다. 어떤 사람에게는 은총을 선사하고, 또 어떤 사람에게는 그것을 거부한다."[87] 따라서 도덕적인 공적功績과 구원의 기대는 완전히 분리된다. 도덕적인 공적이 신으로부터 선택받는다는 희망을 그다지 정당화하지 않는 것처럼 신의 구원의 선택은 누군가 자신이 한 행위를 통해 얻은 공로에 근거하지 않는다. 그럼에도 불구하고 사도 바울은 다음과 같이 신은 의롭다는 의견을 고수한다. "신 앞에서 가치 있는 의로움은 신앙 안의 믿음에서 나온다."[88] 그렇지 않아도 그는 어떻게 신은 신 자신의 의지를 벗어날 수 없는 인간에게 책임을 물을 수 있는가라는 정당한 물음을 허용할 수 없는 것이라면서 물리친다. 전능한 신이 자신의 피조물에 대해 마음대로 하는 일이 부당한 것이 아니기 때문이다.[89] 만약 사도 바울이 신의 의로움에 대한 질문을 피하기 위해 신의 전능을 주장한다면 그는 의로운 신의 이념 자체를 철회하는 것이 된다.

보편적으로 구속력을 지닌 도덕과 신의 의로움Gerechtigkeit에 관한 사도 바울의 가르침 사이의 이 같은 갈등은 예수의 가르침 속에 담긴 도덕Sittlichkeit과 신성神聖(Heiligkeit) 간의 긴장과는 전혀 다르다. 그럴 것이 그 자체로 정당한 개인적 이해관계의 보전에 대한 자발적, 일방적, 무조건적 포기가 보편적으로 구속력 있는 것일 수는 없을지라도, 사람들이 그들의 훌륭한 권리로 주장할 만한 것에 대해 자발적으로 포기하는 것을 저지할 수 있는 것은 아무것도 없기 때문이다. 이것은 모든 이성에 반反하는 것이 아니라, 오히려 "모든 이성보다도 더 높은 곳에 있는 신의 평화"[90]가 사랑의 계명을 이행하는 가운데 생길 수 있다는 것을 보여준다. 반대로 자력으로는 자신의 계명을 따를 능력이 없는 자들을 벌할지라도 정의로워야 하는 신은 '도덕적인sittlich 의로움'이라는 개념과는 결코 일치될 수 없다. 로마서의 어법을 저자의 의도와는 명백히 다르게 해석하려고 결심한 것이 아니라면 말이다. 그렇다면 실현 불가능한 신의 명령들은 인간이 모든 행위에서 완전히 부응할 수는 없지만 부응하고 싶어 하는 요구로서 해석되어야 할 것이다. 이 도달 불가능한 목표에 도달하지 못했다는 것이 여전히 죄로서 고통스럽게 느껴질 수 있으나, 공정한 재판관이 유죄판결을 내릴 근거로는 충분하지 못할 것이다.

c──구원의 선택과 의지의 자유

5세기가 시작될 무렵 영국의 수사修士 펠라기우스Pelagius는《죄를 짓지 않을 가능성에 관하여De possibilitate non peccandi》라는 책에서 비록 성과를 거두지는 못했지만, 도덕만큼이나 종교에 있어서도 위험한 이 가르침의 결과에 대해 대단히 힘을 주어 지적했다. 불가능한 것을 명령하는 것이 인간적인 조건하에서는 사악한 것이지만, 신에 관해 그와 같이 주장하는 것은 완전히 "도착적인pervers" 것이다.[91] 그리고 자력으로 죄악에 저항하는 것이 불가능하다면, 어떻게 이것이 죄인들의 게으른 변명이 되지 않을 수 있겠는가?[92] 그러나 펠라기우스는 죄 짓는 행동을 피할 수 있다고 말한 자신의 가르침이 무엇보다도 특히 분노를 불러일으킨다고 쓴웃음을 지으며 언급할 뿐이다.[93] 그의 칭의론稱義論(Rechtfertigungslehre)은 두 가지 원칙, 즉 신은 도덕적 의미에서 공정하다는 것(신의 정의iustitia Dei)과 도덕적 책임은 의지의 자유(의지의 자유의사voluntatis arbitrium)를 전제한다는 것에 근거한다.[94]

펠라기우스가 그의 교리를 위해 제공한 근거들은《자유의사에 관하여De libero arbito》[95](약 388~395)에서와 같은 아우구스티누스의 초기 저작들에서도 암시적으로나마 발견된다. 그런데 이 교리들은 무엇보다도 로마서의 원문과 대립된다. 사도 바울이 로마인들에게 보낸 이 편지들은 오래전에 이미 성서의 정경적正經的인 요소가 되었기 때문에, 펠라기우스는 보편적이고 합리적인 도덕 Sittlichkeit[96]의 원칙들과 사도 바울의 칭의론 간의 모순들을 적당한 해석을 통해 제거하려고 노력해야 했다.[97]

펠라기우스주의의 원칙들이 기성 도그마에 반해 시행되었을 때 기독교 교의와 종교 생활에서 일어날 수밖에 없었던 결정적인 변화들을 전체적으로 개관해본다면, 이 개혁운동이 처음의 성공에도 불구하고 실패하게 된 사실을 이해할 수 있다. 한편으로 이것은 후기 고대에서 이미 기독교의 영향 아래 도덕성Sittlichkeit의 이념이 어느 정도로까지 명료하게 파악되었는지를 보여준다. 그러나 다른 한편 고대 기독교의 가장 심오한 사상가인 아우구스티누스가 펠라기우스의 등장 이전에 이미 기독교를 보편적이고 합리적으로 증명 가능한 도덕의 토대 위에서만 세우는 것에 대해 주저하며 뒤로 물러섰다는 사실을 이해하게 해준다. 불충분한 합리화를 통해 기독교의 구원에 기대를 거는 것보다는 기독교 신앙에 대한 자신의 보다 더 깊은 이해를 합리적으로 적절하게 펼쳐 보일 수 없다는 무능력이 그에게는 덜 위험해 보였던 것이 분명하다. 그의 결정이 서양에서 승리를 거둠으로써 도덕성Sittlichkeit과 기독교 신앙의 관계에 대한 문제는 여전히 풀리지 않은 수수께끼로 남게 되었다.

d—초기 스콜라 신학에서 도덕적 결정의 주관성

로마 교회에서 펠라기우스주의–논쟁이 진행되는 가운데 관철된 정교와 이교異敎(Häresie)의 구분은 중세 전성기의 초기에도 여전했던 기독교 내의 자율적인 도덕의 가능성을 둘러싼 논쟁들에 영향을 준다. 그런 까닭에 1140년 젠스Sens의 종교회의를 통해 아벨라르두스Abaelard의 유죄판결로 종결된 끌레르보의 베르나르두스 Bernhard von Clairvaux와 아벨라르두스 간 논쟁에서 이미 펠라기우스주의–논쟁을 이끌었던 것과 같은 동일한 문제들이 중심이 되었다는 사실은[98] 특기할 만하다. 그 결과 또한 본질적으로 동일했다. 즉 베르나르두스가 〈은총과 자유의지에 관한 논문Tractatus de gratia et libero arbitrio〉(1128)[99]에서 아우구스티누스와 마찬가지로 구원의 선택에 관한 가르침을 보편적 윤리의 전제조건들과 결합시킬 줄 몰랐던 데 비해, 아벨라르두스는 펠라기우스처럼 기독교 교리론에 제시된 조건하에《윤리학Ethica》[100]이라는 제목으로 나온 최초의 기독교 저술에서 기독교 윤리에 관한 자신의 생각을 논리정연하게 펼칠 수 없었다. 그럼에도 불구하고 베르나르두스와 아벨라르두스를 묶어주고 동시에 이들을 고대 후기의 기독교 작가들과 구분시켜준 것은 이들 두 사람이 도덕적으로 책임 있는 행동을 인간 간의 관계에서 분리시켜 신을 향한 영혼의 관계로만 제한했다는 사실이다. 그리스인들이 이로써 윤리적 성찰을 시작할 즈음 처음에는 그다지 또는 전혀 고려의 대상이 되지 못했던 행위자의 주관성은 중요한 문제가 되었고, 반대로 인간의 질서 있는 공존이란 윤리성Sittlichkeit 없이는 불가능하다는 인식은 거의 완전히 사라지게 되었다. 이로써 근대철학에서 윤리학을 새롭게 정립할 수 있는 토대와 윤리학의 편파성에 대한 토대가 이미 마련된 것이다.

e—보편적 도덕성Sittlichkeit과 기독교 신앙 간의 화해

이제 막 시작된 아리스토텔레스 수용의 결과로 이루어낸 이성과 계시, 인식과 신앙, 도덕과 은총 간의 관계에 대한 토마스 아퀴나스Thomas von Aquin의 새로운 해석은 초기 스콜라 철학의 이 같은 시도들의 배경 하에서 충분히 높이 평가될 수 없었다. 인간의 행동과 인식이 자유롭고 자립적인 영역으로서의 세계와 인간이 전적으로 신에게 의존하는 은총의 제국 간의 대립이 아니라, 자연과 자유가 신앙 속에서 완성되는 두 영역 간의 통일이 이제 인간의 자기 이해와 세계 해석을 결정짓는다. "은총이 자연을 완성한다Gratia perficit naturam."[101] 아리스토텔레스에게 방향을 맞춘, 마찬가지로 목적론적인 해석은 존재하고 있는 것을 본질이자 이 본질을 향해 체계화된 존재의 목적들로 파악하고, 발전을 자연의 실현으로 이해하며, 세상을 신에 의해 즉 스스로는 움직임이 없는 근원에 의해 움직여지는 합목적적으로 조직된 전체로서 이해한다. 이 목적론적인 해석은 존재유비存在類比(analogia entis)론[102]에서 계시와 신앙의 세계를 자연적 인식의 전 영역이 향하고 있는 목표로 해석하는 데에도 도움을 준다. 이로써 보편적이고 합리적으로 규명된 도덕성Sittlichkeit의 이념이 은총 안에서의 기독교적 삶이라는 이념과 목적론적으로 연관될 수 있는 틀이 갖춰진 것이다. 이 해석이 사도 바울-아우구스티누스의 은총설보다 복음서들의 가르침과 훨씬 더 잘 조화를 이룰 수 있다는 사실에는 의문의 여지가 없다.

사도 바울-아우구스티누스적인 기독교 교의의 전통은 매우 폭넓은 일치를 보이는 토마스 아퀴나스에게서, 프란체스코 수도회의 신학에서 그리고 특히 철학적으로 매우 중요한 프란체스코회 신학의 대표자인 요하네스 둔스 스코투스Johannes Duns Scotus에게서 훨씬 더 큰 의미를 지닌다. 그 전통은 둔스 스코투스로 하여금 존재유비에 관한 토마스주의 교리를 받아들이지 못하게 했고, 사도 바울 신학에서 이성과 신앙, 자연과 은총 간에 존재하는 간격을 목적론적인 원칙들로써 극복하는 것을 어렵게 했다. 이로 인해 야기된 아리스토텔레스 형이상학과의 한층 멀어진 거리는 그 밖에도 실제적인 문제들의 분석에서 근대에 이르도록 길을 열어준 그의 합리성 추구를 통해 그와 똑같은 정도로 동기를 부여받는다. 십계명에서 다신교의 금지와 신의 사랑에 대한 명령만이 '용어들로부터 알려진 것들 또는 필연적으로 따르는 결론들nota ex terminis vel conclusiones necessario sequentes'[103]이고, 나머지 계명들은 문장의 구속력("진실")을 위해 충분한 근거를 필요로 하는 종합적 명제들synthetische Sätze이라는 사실에 대한 통찰은 그에게 신의 의지 안에서 그 근거를 찾을 수 있다는 해석을 종용한다. 이를 통해 그는 피할 수 있는 모순의 원칙에 묶인 절대적인 신의 전능(절대적 권능

potentia absoluta)과 그에 의해 직접 세워진 보다 넓은 의미에서의 자연법의 종합적인 기본 규범들에 의지하고 있는 신의 의지(질서 잡힌 권능potentia ordinata)를 구별하기에 이른다. 그러므로 존재유비에 관한 토마스주의의 학설은 둔스 스코투스의 형이상학에서 절대적 권능potentia absoluta과 질서 잡힌 권능potentia ordinata 간의 원칙적인 차이에 관한 학설과 대립된다.[104] 그러나 이것은, 비록 부분적으로는 전혀 다른 근거들을 가지고 있다 하더라도, 둔스 스코투스가 합리적인 행위론을 전개할 때 토마스 아퀴나스와 유사한 또는 동일한 결과에 이르는 데 방해가 되지 않는다. 물론 이때 '합리성'이 결코 똑같이 이해되는 것은 아니다. 둔스 스코투스가 무엇보다 특히 모순의 자유라는 이념에 초점을 맞춘 반면, 토마스주의의 이성 개념은 가능한 한 그리스 철학자들의 해석을 본보기 삼아 전개된다.

f—종교 개혁가들의 학설에 따른 기독교적 삶의 윤리Sittlichkeit

면죄부—논쟁이 터지기 수년 전부터 루터와 그의 뒤를 이은 다른 종교 개혁가들도 보편적이기에 특별히 기독교적이지 않은 윤리Sittlichkeit와 기독교 신앙과의 이 같은 화해에 대해 격렬하게 항의했다. 그럼에도 불구하고 루터의 위치를 그 자신의 이해에 따라 오직 신교적인 독실함과 사도 바울 신학의 부흥으로만 해석하려 한다면, 이 역사의 흐름 속에서 그의 위치는 충분히 설명되지 않을 것이다. 루터는 후기 스콜라 철학과 독일 신비주의(타울러Tauler)의

의지주의Voluntarismus의 발전에서 영향을 받았을 뿐만 아니라, 스콜라 신학 및 스콜라 신학의 윤리Sittlichkeit와 기독교 신앙 간의 화해를 거부함으로써 독일 철학에서 무엇보다도 크루지우스Crusius와 칸트에게서 전개된 윤리Sittlichkeit에 대한 고유의 근대적인 견해를 준비시킨 것이다. 이것은 루터가 기독교 신학의 근본적인 문제들에 대해 성서와 성서의 상상세계에 초점을 맞춰 제시한 견해들을, 그의 종교적 자기 이해에 반대되지만 훗날 그가 미친 영향의 의미에서 기독교적 삶의 윤리Sittlichkeit에 관한 가르침으로서 해석할 때 비로소 분명해진다. 그렇게 했을 때 당대 교회의 관행에 반대하는 그의 투쟁도 스콜라 신학에 대한 그의 비판도 윤리성Sittlichkeit에 대한 심화되고 내면화된 이념 속에 그 원인이 있다는 사실이 드러난다.

가령 루터가 인간의 정의(인간의 정의, 즉 어떤 것이든 어떤 방식으로 생기든 자기 자신과 인간들에 대해 정의로운 것iustitia hominum, i.e. quis et quomodo sit et fiat iustus coram se et hominibus)에 맞서 신의 정의(신의 정의 즉 어떤 것이든 어떤 방식으로 생기든 신의 말씀에 맡긴 신앙만으로 신에 대해 정의로운 것iustitia Dei, i.e. quis et quomodo sit et fiat iustus coram Deo per solam fidem, qua Dei verbo creditur)를 내세운다면,[105] 그는 사도 바울이 그랬듯 구원에서 법의 이행과 법의 행위가 중요하다는 사실[106]을 부인하는 것이다. 그러나 그는 전형적인 도덕적 성찰에 근거하여 행위의인行爲義認Werkgerechtigkeit(선행으로 신에게 의義를 인정받는 일)을 거부한다. 비난해야 할 것은 이른

바 선행이 아니라, 그것을 신 앞에서 칭찬할 만한 가치 있는 행동으로 평가하는 행위 그리고 그러한 생각으로부터 나온 자기만족이다.[107] 정말 비난받아 마땅한 것은 형벌 앞에서의 단순한 공포나 이득, 명성 및 성취된 일들에 대한 관심에서 비롯된 선행의 겉모습과 독선이다. 그 대신 루터가 요구한 것은 그러한 성향에서 비롯된 행위가 아니라, 자신의 행동을 통해 실현되는 기꺼운 의지에서 비롯된 행위이다.[108] 그러므로 행위의 "외적인 정의"가 아니라, 의지와 신념이라는 "내적인 정의"가 중요하다.[109] 이 신념 윤리에는 "행동은 오히려 정의의 산물Opera autem sunt potius fructus iustitiae"이라는 말이 적용되는 반면, 행위 의인에는 "잘 행동하면서도 우리는 죄를 짓는다Bene operando peccamus"[110]는 말이 들어맞는다. 루터는 이 도덕적 구분들을 신 앞에서 변함없는[111] 정의正義를 확인하기 위한 기준으로 사용한다.

루터에게 윤리Sittlichkeit가 은총의 필요조건인지 아니면 충분조건인지 하는 문제는 굳이 문제가 안 된다. 처벌에 대한 두려움이나 영생에 이르기 위해 행하는 자신의 이익을 위한 행위들이 도덕적으로 무관심하고 동시에 구원과도 무관하다면, 모든 자기애를 포기하는 것이 윤리Sittlichkeit와 믿음의 필요조건이며 충분조건이다. 그러므로 루터의 가르침에서 신의 사랑과 이웃 사랑(caritas)으로서의 '윤리Sittlichkeit' 그리고 '믿음'은 더 이상 서로 다른 것이 아니다. 그러나 루터는 인간이 오직 하느님의 계시를 통해서만 구원의 경험에 이를 수 있다[112]고 확신했기 때문에, 믿음을 벗어난 모든 (잘못 추정된) 윤리Sittlichkeit를, 특히 구원에서 그리스도에 대한 단순한 믿음이 중요하다[113]는 견해를 위선이고 죄[114]라고 선언한다. 오직 그리스도의 중재를 통해서만 구원에 이를 수 있다는 것이 그로서는 여전히 납득할 수 없었던 것이다.[115]

주관적 구원의 경험과 종교적 상상의 언어로 그 경험을 객관화하는 묘사, 이 둘 사이의 대조는 고대의 윤리Sittlichkeit의 요소들이 인본주의 교육에 의해 개혁신학 속으로 스며들었을 때 훨씬 더 뚜렷하게 나타났다. 그래서 가령 "우리는 평생에 걸쳐 정의를 가꿔야 한다"는 칼뱅Calvin의 전적으로 스토아적인 인상을 주는 문장은 무조건적 명령과 복종 불가능함 사이의 모순이 해결되지 않은 채, "핑계를 대서는 안 된다. 그것은 능력 부족을 뜻한다"[116]는 에라스무스에 대한 루터의 저술에서 나온 생각과 바로 인접해 있다. 칼뱅은 그의 주저主著(1559)의 최종판版에서 "법에 관한 도덕적 해명Legis moralis explicatio"[117]이라는 제목 하에 신의 율법에 관한 논쟁을 제기했고, 종교개혁 이후의 교리에서 말하는 기독교적 삶이 전체적으로 윤리적sittlich이어야 한다는 것을 강령적으로 밝혔다. 사도 바울을 따라 구약의 율법과 복음 간의 차이를 힘주어 강조한[118] 루터와 달리 칼뱅은 그리스도는 그것을 오직 해석했을 뿐[119]이라며 복음이 구약의 율법을 무너뜨렸다는 가르침에 대해 극히 부정적으로 설명했기 때문이다. 또한 그는 모세의 십계명과 사랑하라는 복음의 명령 간의 구속력의 차이도, 차등적인 종교적 의무들[120]도 인정하지 않았다.

그러나 보편적으로 구속력을 가지며 한 기독교인의 전체 삶을 통제하는 이 도덕법Sittengesetz(lex moralis)은 십계명에 직접 포함되어 있지 않기 때문에, 합리적이고 최종적인 해석을 통해 (계명의 해명을 위해) 충분히 구체화된 규범 체계가 십계명으로부터 도출되어야만 한다.[121] "한 기독교 신도의 자유Freiheit eines Christenmenschen"[122]에 초점을 맞춘 루터나 멜란히톤Melanchthon의 십계명에 대한 해석과 비교하면, 칼뱅의 도덕법Sittengesetz은 군림하는 주권자의 의지에 기반한[123] 엄격한 명령들의 집성으로 판명된다. 주권자의 통치, 그에 대한 숭배, 그의 이름의 위엄을 확보하는 것, 그리고 방해받지 않고 조용히 기도할 수 있게 배려하는 것이 모세 제1십계명의 목적들이다. 신의 뜻에 따른 인간 사이의 위계질서의 불가침성과 인류의 훼손되지 않은 단일성, 수줍음과 순결함, 신의 뜻에 따른 소유권 질서의 보존, 진실성, 그리고 모든 탐욕에 대한 거부는 모세의 제2십계명이 명령하는 바이다.[124] 전제조건들이 대체로 일치함에도 불구하고 루터와 칼뱅은 기독교인 삶에 내면화된 윤리성Sittlichkeit에 대해 뚜렷하게 서로 다른 해석을 하게 된다.

그러나 이 두 사람은 신에 의해 의도되었으나 외부 활동의 통제로만 국한된, 그래서 교회로부터 독립된 국가 법질서를 확보된 것으로 생각하기 때문에, 기독교의 윤리Sittlichkeit는 본질적으로 사적인 영역으로 제한된다. "인간 삶이 법에서 형성된다는 것, 그것은 외면적인 도덕성을 위한 것이 …… 아니라, 내면적인 영적 정의를 위한 것이다non ad externam honestatem……, sed ad interiorem spiritualemque iustistiam, hominis vitam in lege informari." 반면 국가의 법질서는 사람들의 자유로운 설계에 맡겨진다.[125] 이로써 합리적 법질서와 국가질서의 형성과 관련하여, 성경의 계시에 구애받지 않는 자율적인 도덕이 출현할 수 있는 길이 근대 초기에 열리게 되었다.[126]

근대적 사고에서 윤리적인sittlich 것의 자율성

CHAPTER II

Die Autonomie des Sittlichen im Denken der Neuzeit
II. 근대적 사고에서 윤리적인sittlich 것의 자율성

●●●   17세기에 도덕성Sittlichkeit의 이념은 기독교 종
교와 신학을 통해 심화되었는데, 교회에 구속을 받지 않는 학문의
출현으로 더 이상 고대 철학에서와 같은 방식으로 도덕의 문제가
제기되지 않을 정도로까지 되었다. 즉 기독교 종교에서 직접 자신
의 신과 대면하고 난 후 개인은 더 이상 자신을 우선적으로 공동
체적 존재로 이해할 수 없게 되었다. 자연적 존재 질서를 넘어 절
대적 명령권으로서 신의 의지가 도덕 규범의 타당성에 대한 근거
로 인식되었고, 신의 명령의 절대적 구속력은 윤리성Sittlichkeit의
토대로서 유용성에 대한 단순한 고려와 마찬가지로 행복 추구에
도 의문을 제기했다. 이로써 키케로가 지키려고 했던[127] '도덕적
선honestum'과 '예의범절decorum', '유용함utile'의 통일성은 깨졌
고, 절대주의 시대에 합리적 법체계의 발전과 더불어 법과 도덕의
차이 또한 점점 더 중요해질 수밖에 없었다. 종교개혁 시기에 기
독교적 삶의 윤리Sittlichkeit에 대한 이념이 확산되고 종교 개혁가

들에 의해 결속이 풀린 법과 국가의 영역이 합리적 생활 세계에서 확고한 지위를 차지하고 그 가치가 입증된 후, 특히 근대적이고 실천적인 철학이 우선 자연법론으로서 등장했다. 법과 도덕의 대립은 무엇보다도 국가권력을 통해 실현된 실증법과 보편적으로 구속력 있는 도덕의 대립으로 이해되었기 때문에 자연법과 도덕의 차이가 처음에는 눈에 띄지 않았다. 따라서 도덕Sittlichkeit에 관한 전형적으로 근대적인 학설은 토마스 홉스에 의해 확립된 합리적 자연법[128]의 형태로 처음 등장했다.

1. 홉스와 푸펜도르프에게 '도덕'과 '법'의 체계적인 구분을 위한 단초들

홉스는 자연법과 도덕법이 동일하다는 것이 일반적으로 공유되는 견해라고 보았다. "자연법이 도덕법과 같은 것이라는 점에는 모든 작가들이 동의한다Legem nsturalem eandem esse cum lege morali, consentiunt omnes sccriptores."[129] 그가 이해한 바에 따르면 그가 표현하고 근거를 대려고 노력했던 자연법의 규범들은 동시에 "절제modestiam, 공정 aequitatem, 신의fidem, 겸손humilitatem, 자비misericordiam"와 같은 덕목들, 따라서 미풍양속gute Sitten에 대한 정의이기도 하다. 즉 "법은 …… 미풍양속 또는 덕목들을 권고한다. 따라서 그 법은 도덕법이라 불린다Lex …… praecipit bones mores, sive virtutes. Vocatur ergo moralis."[130] 그러므로 그는 또한 자신의 자연법론을 윤리학으로, 물론 확실한 인식으로부터(veris principiis) 일반적 규범의 도출이라는 지금까지 결코 성공하지 못한 일에 성공한 윤리학으로 이해한다.[131] 그의 설명들이 다툼을 막는 데 도움이 되는 자연법 규범들에 집중된 것은 사실이다. 하지만 그는 이 목적으로 분류되지 않은 용맹과 절제 같은 덕목들도 자연법이 요구하는 미풍양속에 포함시킨다.[132] 그렇기 때문에 아직 그의 용어에서 '자연법'(lex naturalis)은 실증법의 토대에 국한된 특별하게 법률적인 개념이 아니다. 그럼에도 불구하고 일부는 아리스토텔레스와 스콜라의 학설을 수용하고 일부는 훗날의 발전을 준비하면서, 법적 문제와 도덕적 문제 간의 체계적인 구분을 위한 단초들이 그의 자연법 논의에서 발견된다.

홉스가 아리스토텔레스에 이어 발전시킨 정당한 행동과 한 개인의 덕으로서의 정의Gerechtigkeit 간의 구별은 칸트의 합법성과 도덕성 간의 구별에 가깝다.[133] 홉스에 따르면, 어떤 행위가 부당하지 않게 행해지면 즉 그 행위가 타인의 권리를 침해하지 않는다면 그 행위는 정당하다. 반면 한 개인은 법적 규정을 준수하기 위해 정당하게 행동할 때 정당하다.[134] 그러므로 정당하지 않은 사람이 행동에 있어서는 정당할 수 있다. 그러나 그로 하여금 정당한 행동을 하도록 동기를 유발하는 것은 위반 시의 징계에 대한 두려움이다.[135] 이것이 의미하는 바를 칸트의 용어로 표현하자면, 정의로운 사람은 도덕적 신념에서 정당하게 행동하는 반면 정의롭지 않은 사람의 행위는 의무와 법에 따르는 (합법적인) 것이기는 하지만, "의무로부터" 행해지는 것은 아니다.[136] 강제가 없다면 그의 행동뿐만 아니라 그의 생각도 법에 어긋난다. 홉스가 말한 자연법 규범들은 우선적으로 행동의 적법성을 요구하는 것이 아니라, 생각의 "의로움Rechtschaffenheit"(righteousness)을 요구한다는 의미에서 도덕적으로 구속력이 있다.[137] 그러나 그의 이론에 따르면 자연법은 동시에 실정법이 갖는 구속력의 토대이기 때문에 실정법의 규정을 준수하는 것도 도덕적으로 구속력이 있는 것이다. 이 법들은 처벌이 마치 법 위반 시에 치러야만 하는 대가인 것처럼 단순히 처벌 명령을 수단삼아 겁을 줄 뿐만 아니라 복종 또한 요구한다. 시민들은 도덕적으로 복종을 이행할 의무가 있다.[138] 홉스에 따르면 오직 당장 눈앞의 이익에 비례해서만 자신의 의무를 이행하는 사람은 정당하지 않은 것이다.[139]

전문 용어로 표현되지 않아 간혹 오해를 받는, 또는 선동적으로 표현된 도덕적 의무와 법적 의무 간의 분리가《리바이어던Leviathan》에서는 마찬가지로 전문 용어로 분명하게 설명되지 않은 도덕적 구속력과 법적 구속력 간의 구분을 통해 그나마 분명해진다. 홉스에 따르면, 효과적인 국가 권력이 존재하지 않는 동안 그리고 존재하지 않는 한 자연법적(도덕적) 규범들의 구속력은 그 규범들을 따르려는 성실한 의지에 한정된다. 나아가 모든 사람은 자신의 판단과 결정에 따라 온갖 수단을 써서 자유롭게 자신의 이익을 추구할 수 있다.[140] 그러나《리바이어던》의 가르침에 따르면 국가 성립

이전의 예비국가 상태와 국가를 벗어난 상태에서 자연법칙들을 준수하는 것은 위험을 무릅쓰지 않고서는 불가능하므로 요구할 수 없는 것이다. 이로부터 홉스는 계약의 효력(validity of convenants)은 그것의 엄수를 강제할 수 있는 국가 권력의 조직과 더불어 비로소 시작된다고 결론 내린다.[141] 따라서 자연법의 명령을 따르는 도덕적 구속력은 효과 없고 영향력 없는 내적인 각오가 되는 반면, 계약상의 의무를 이행하는 법적 구속력은 국가의 강제 권력을 통해서야 비로소 생성된다.

그러나 훗날의 민족국가에서와 마찬가지로 절대주의에 있어서도 특징적인 법과 도덕 내지 정치와 도덕 간의 분리가 우세하기 전에 이미 푸펜도르프Pufendorf는《시민론De cive》의 자연법론에서 이 분리에 대한 단초들을 수정했다. 홉스가 자연적 질서와 규범적 질서 간의 차이를 자연과 정치의 차이로 바꿔 해석하고,[142] 그래서 한 국가의 인위적으로 창조된 법질서만을 규범적 질서로 인정했던 반면, 푸펜도르프는 자연적인 것의 규범적 상대개념을 도덕적인 것으로 보는 스콜라 철학의 구분을 고수했고, 그럼으로써 이 구분은 일찍이 도달하지 못했던 명료성을 획득하게 된다.[143] 이것은 예컨대 푸펜도르프가 도덕적 행동을 "공동생활에 미칠 결과를 계산한 인간의지의 행위actiones hominis voluntariae cum imputatione suorum effectuum in vita communi spectatae"로 정의내릴 때, 그리고 자발적 행동에 대해 물질적 관점으로서의 자연적 의지력("자연적으로 존재하는 힘의 운동motus potentiae per naturam existentis")을 의도적 결정("그 힘의 운동 또는 행사가 결정된 의지에 의존함dependentia eius motus seu exercitii a decreto voluntatis")에 대한 그것의 형식적 관점으로서 행위의 도덕적 관계와 구분할 때 분명해진다. 때문에 그의 정의에 따르면 인간의 행위는, 그것이 말하자면 원칙(기준norma)으로 사용되는 어떤 법에 비추어 판단되는 한 특히 '도덕적'이다.[144] 이 구분에 기초한 도덕적 존재자들(entia moralia)에 관한 그의 가르침은 자연사물Naturdinge과 자연과정Naturvorgänge에 관한 "존재" 규정("Seins" bestimmungen)이라는 특정한 범주를 다룬다. 그래서 인간의 행위는 어느 정도의 적합성Angemessenheit(들어맞음convenientia)을 갖게 되고, 이를 통해 인간의 삶은 훌륭한 예의와 질서를 얻게 된다. "이제 우리는 특히 의지의 지도指導를 위해, 어떤 식으로 일정한 종류의 속성들이 자연적 사물들 및 운동들에 부과되었는지를 살펴보아야 한다. 그로부터 인간행위에 관련한 특이한 동의사항이 나오고, 굉장한 장식과 질서가 인간 삶을 꾸며줄 것이다. 그리고 그러한 속성들은 도덕적 존재자들이라 불린다. 왜냐하면 인간의 도덕과 행위는 그것들에 견주어 판단되고 조절되기 때문이다. 이로써 인간은 야수의 끔찍한 단순함과는 다른 습관과 면모를 갖게 된다Nobis illud iam est dispiciendum, quomodo ad dirigendos voluntatis potissimim actus certum attributi genus rebus et motibus naturalibus sit superimpositum, ex quo peculiaris quaedam convenientia in actionibus humanis resultaret, et insignis quidam decor atque ordo vitam hominum exornaret. Et ista attributa vocantur entia moralia, quod ad ista exiguntur, et iisdem temperantur mores actionesque hominum, quo diversum ab horrida brutorum simplicitate habitum faciemque induant."[145] 그러므로 푸펜도르프의 용어로 말하자면, 어떻게든 구속력 있는 규범들과 연관된 모든 것은 '도덕적'인 것이다.

"자연적"(물리적physice) 규정과 "도덕적"(규범적normative) 규정을 이처럼 근본적으로 구분한 결과 우선적으로 밝혀진 사실은, 푸펜도르프는 도덕적sittlich 행위와 비도덕적unsittlich 행위 간에 대상에 따른 ("객관적") 차이가 있다는 가정을 잘못된 것으로 거부할 수 있다는 것이었다. 신의 법이나 인간의 법이 없다면 인간의 모든 활동이나 행위는 아무래도 상관없는 것이다. 육체적 능력의 사용이나 움직임 그 자체는 결코 도덕적 특성(도덕moralitas)을 포함하지 않는다.[146] 따라서 푸펜도르프는 어떤 행위의 도덕적 성격은 결코 그와 결부된 자연적 이익이나 손해 내지 인간적 행복과의 관련을 통해 정해지는 것이 아님을 분명하게 강조한다. 따라서 그는 자연법론에서 유용성에 대한 고려를 배제하고, 그것을 "정치"의 영역으로 보낸다.[147] 그러므로 신이 자연법적 규범들을 제재로서의 처벌과 보상에 결부시킨다는 발언은 그가 보기에 개연성이 있긴 하지만 선험적으로 입증 가능한 것은 아니다.[148] 반면 그는 홉스와는 정반대로, 자연법의 구속력은 제재에 근거하는 것도 아니고 제재의 결핍으로 감소되는 것도 아님을 강조한다.[149]

이 점에 있어서 푸펜도르프는 홉스와 마찬가지로 '자연법'과 '도덕'을 용어상 거의 구분하지 않는다. 그러나 그는 도덕적 규범과 법적 규범 간의 개념적 구분에 관한 홉스의 접근 방식을 수용할 뿐만 아니라 계속 발전시켰다. 무엇보다도 '법'과 '도덕'의 구분을 위해 중요한 것은 '완전한' 그리고 '불완전한'(주관적인) 법들에 관한 그의 정의이다.[150] 푸펜도르프는 이 구분을 '자연법' 개념에서의 차이로, 즉 자연법의 규범들이 부분적으로는 법적으로 질서 잡힌 공동 삶의 조건들을 정의하고, 또 부분적으로는 만족스러운 (인간다운) 공동 삶의 필요조건들을 정의한다는 사실로 돌린다. 토마지우스Christian Thomasius로 소급되는 훗날의 용어의 의미에서, 폭력을 사용함으로써 관철 가능한 자연법의 규범들을 '객관적 법'이라 부르고, 그와는 반대로 원칙적으로 관철을 강제할 수 없는 그런 규범들을 보편적으로 구속력 있는 '도덕'의 영역이라 부를 수 있다. 푸펜도르프가 존재와 사회(societas)의 안녕Wohlsein을 구분한 것은 다음과 같이 말한 아리스토텔레스에게로 소급된다. 폴리스-공동체는 말하자면 자족(자급자족Autarkie)의 한계에 이른 것 같다. 폴리스가 삶을 위해 형성되는 것은 사실이지만, 그러나 그것은 "좋은 삶"을 위해 존립한다.[151] '좋은 삶'(εὖ ζῆν)의 개념이 아리스토텔레스에게서는 세분화되지 않았던 반면, 푸펜도르프는 2000년 전통의 유산으로서, 잘 사는 것Wohlstand과 법적 내지 도덕적으로 질서정연한 상태를 구별한다. 18세기의 윤리적 성찰의 역사를 볼 때, 푸펜도르프가 본래의 의미에서 도덕Sittlichkeit에 관한 그의 학설을 완성하지 않았다는 점이 아쉬울 뿐이다.

2. 칸트 이전의 독일 철학에서의 "행복"과 "윤리Sittlichkeit"

스피노자나 토마지우스 같은 학자들이 그어놓은 경계 안에서 자연법과 국가 법질서와 무관하게 행복한 삶의 조건으로서 윤리성Sittlichkeit을 증명하려는 노력은 18세기 전반기의 윤리적 성찰의 특징이다. 이 학설들에서 국가의 과제는 일반적으로 폭력의 행사와 위협을 통해 법질서를 세우고 유지하는 데 있는 반면, 인식의 노력을 통해 계몽되고 자신의 격정과 충동을 다스려 절도를 갖추게 된 개인에게는 인간의 공동 삶이 개개인 모두를 위해, 무엇보다도 생각이 같은 자들을 위해 만족스럽게 설계되도록 협력해야 할 의무가 있다. 하느님의 뜻에 맞는 삶에 대한 기독교 사상이 특히 개신교 국가인 독일에서 구속력 있는 것으로 전제되는 것은 사실이지만, 합리적 기준에 따라 전개된다. 행복에의 요구만으로는 구속력을 확보하지 못한다는 통찰에서 도덕 규범의 타당 근거는 스페인의 후기 스콜라 철학과 17세기 독일의 "강단 철학Schulphilosophie"의 영향 아래 직접 또는 간접적으로 신에게로 소급된다.

교회 장로인 요한 게오르크 발히Johann Georg Walch(1693~1775)는 《철학 사전Philosophishe Lexikon》(1740)에서 토마지우스와 그의 학파를 이어 '도덕'과 '윤리성Sittlichkeit'에 관해 다음과 같이 여러 번 주목할 만한 서술을 한다. 그의 정의에 따르면 "더 넓은 의미에서의" '도덕'은 "일정한 지침에 따라 설계되어야 하기에 도덕적인 일이라고도 불리는 인간적인 일과 관련된 모든 실천 철학을 의미한다." 여기에서 그는 크세노크라테스Xenokrates 이래 그리스 철학자들이 그랬듯이 '도덕'을 '윤리'의 의미로 사용하긴 하지만, 규범적 분과 학문으로서 아주 현대적으로 정의하고 있다. 그는 실천철학을 "윤리학, 자연 법학, 정치학"으로 나눔으로써 전반적으로 토마지우스에 동조한다. 여기서 윤리학은 예비교육의 분과 학문으로서 "규정된 임무를 덕 있게 실행하려는 의지를 훈련"시켜야 한다. 반면 자연법론Naturrechtslehre의 과제는 "자연법에 따라 무엇을 해야만 하고 무엇을 하지 말아야 하는 지를" 가르쳐주는 것이며, 정치학의 과제는 어떻게 하면 "이때 인간이 자신의 행복을 증진시킬 수 있는지"[152] 그 길을 제시하는 것이다. 행복의 길을 막는 장애물을 제거하는 과제가 윤리학과 정치학에 주어진 것이다. 그래서 토마지우스의 제자인 안드레아스 뤼디거Andreas Rüdiger는 두 학문을 "정의와 정의의 의무로서의 규칙들과는 전혀 무관한" "영리함의 가르침"[153]으로 통합할 수 있었다. 그렇게 하여 자연법론은 구속력 있는 규범들을 다루는 학문으로 남게 된다. 그러므로 발히가 다음과 같은 주장을 강조하는 것은 놀라운 일이 아니다. "신학적 도덕은 철학적 도덕보다 더 많은 장점을 갖고 있다. 왜냐하면 신학적 도덕에는 철학적 도덕이 모르는 도덕적 진실이 발견되기 때문이고, 다른 한편 철학자가 아주 조금 아주 어렴풋하게 인식하는 그런 문제들에 대해서도 신학적 도덕에는 완전하고 밝은 빛이 주어지기 때문이다." 철학적 윤리학은 신과의 화해, 그러므로 "최고의 행복"에 이르는 길을 제시하지 못하고, 오히려 성경

이 원죄로부터 우리의 타락한 성향의 근본 원인을 가르치기 때문이다. 따라서 철학적 윤리학의 주체는 신과 화해가 안 된 죄 많은 인간이며, 신의 계시에 따르면 "그(인간)의 덕행"은 언제나 죄일 뿐이다.[154]

발히에게서 후기 스콜라 철학의 영향을 특히 분명하게 감지할 수 있다. 그가 푸펜도르프를 내세워, 특히 몰리나Molina와 가브리엘 바스케Gabriel Vasquez에 의해 토대가 확립된 객관적 도덕(성)moralitas obiectiva에 관한 학설에 반대할 때가 그렇고, 또 "신의 편에서 이것은 명령하고 저것은 금지하는 이유는 일의 성격die Beschaffenheit des Sache에 따른 것이다. 그러나 그와 같은 명령과 금지는 실제 법이 되었고, 이를 통해 자유로운 행위의 도덕성이 생성되었으며, 이는 신의 의지에서 나온 것이다"[155]라고 설명하면서 수아레스Suarez(분명 그를 알지 못한 채)의 의견에 동조할 때[156]가 그렇다. 그러는 사이 발히의 진짜 적敵은 크리스티안 볼프Christian Wolff가 되었다. 볼프는 1720년 그의 〈독일 윤리학Deutsche Ethik〉[157]에서 "객관적 도덕 moralitas obiectiva"에 관한 "스콜라 철학의" 학설, 즉 다음과 같은 견해를 새롭게 밝혔다. "신이 율법을 통해 금지하거나 요구하지 않았을지라도 그 자체가 본성상 형편없거나 또는 훌륭한 행위들이 있다. 따라서 행위의 도덕성은 신의 의지에 의해서가 아닌 일의 속성에서 생겨나며 어떤 법률이 존재하지 않을지라도 일어난다."[158] 늦어도 푸펜도르프에 와서부터는 반박된 학설로 볼프를 다시 돌아가게 만든 것은 이 학설의 오인된 합리성이 원인이었을 수 있다. 그

합리성은 우발성과 독단을 배제하고 외부의 강제적 속박으로부터 인간의 자유를 지키는 것처럼 보인다. 그래서 "선의 행사가 우리에게 짐이 되지 않으며 우리는 오직 두려움과 여타 다른 이해관계가 있는 의도에서만 선을 행하고 악을 멈추는 것이 아닌 것이다."[159] 그 결과 그에게서 "파렴치함과 해로움" 및 "장점"과 "탁월함"이 다시 일치하는 것처럼 보인다. 그러면서 그는 이미 후고 그로티우스 Hugo Grotius가 그랬던 것과 비슷하게 "무신론자일지라도 이성적인 인간이라면 누구나 모두" 동의할 수밖에 없는[160] 덕론을 발전시켰다고 믿는다. "인간의 자유로운 행위들을 통해 …… 인간의 내적, 외적 상태에 일어날 수 있는 변화, 그것을 통해 어떤 행위가 선한지 악한지가 결정되어야 할 것이다." "우리의 내적 상태이든 외적 상태이든 완전하게 만드는 것, 그것은 선한 것"이기 때문이다. 그는 도취를 유해한 것으로, 따라서 "악한" 것으로 간주했다.[161]

그러나 어떤 식으로든 추구할 만한 가치가 있는 모든 것은 하나의 결함이 제거되는 한 완전하다고 말할 수 있기 때문에, 완전함의 개념은 객관적 도덕에 관한 이 학설의 다른 명백한 약점들을 덮을 수 있었다. 따라서 볼프는 각자의 완전성은 다른 사람의 완전성에 대한 추구를 야기한다는 확신에서 다음 문장을 그의 윤리학의 기본 규범으로 공식화한다. "너를, 그리고 너나 타인의 상태를 보다 완전하게 만드는 것을 행하라. 그 상태를 보다 불완전하게 만드는 것은 삼가라."[162] 도덕성Sittlichkeit은 "보다 큰 완전성을 향한 방해받지 않은 전진"으로서 영구 과제가 되었고, 도덕적 발전은 인간에게 도달 가능한 최고의 지복이 되었다.[163] 볼프는 합리적 윤리학의 원칙으로서 도덕적sittlich 인격의 자율성을 찾아내는 대신 자율성을 그의 학설의 결과로 간주했다.

볼프가 보기에 자율성은 주권을, 따라서 인간 개인의 신과의 유사성을 증명하는 것이다.[164] 그는 루소와 루소의 민주국가 내에서의 자유 시민의 자율성에 관한 가르침의 선구자가 되었으며, 아울러 칸트와 칸트의 자유의지의 자기입법으로서 윤리학Sittlichkeit 이론의 선구자가 되었다. 비록 객관적 도덕에 관한 칸트의 이론이 자유의지의 자율성을 보증한다고 인정할 수 없게 된다 하더라도 말이다. 선과 악이 그 토대를 사물의 본성에 갖고 있다면, 자유의지는 행동의 방향을 오직 사물의 실제 성질에 맞추어야 할 것이다.

이미 1744년에 크루지우스는 《이성적 삶의 안내서Anweisung vernünftig zu leben》에서 볼프가 완전성의 원칙으로부터 자연법을 도출해낸 것과 볼프의 객관적 도덕에 관한 학설에 대해, 나중에 칸트에 의해 반복적으로 사용된 논거를 가지고 반박했다. 볼프의 학설은 도덕적이고 자연법적인 규범들의 구속력을 행복한 삶을 추구하는 영리함의 명령으로 설명하려는 시도이다. 엄밀히 말해 영리함의 규칙은 전혀 구속적이지 않다는 것이다.[165] 이 논거는 "영리함의 의무"와 구속력 있는 도덕적 규범들 사이의 근본적인 구분에 근거한다. 우리는 그 충고들을 "이미 전에 우리가 열망한 어떤 최종 목적"을 고려하여 따른다. 반면 "덕의 의무에 있어서" 덕이 필요한 이유는 우리가 어떤 목적을 세웠든 상관없이 "법률과 법률 비슷한 것을 이행해야 하는 우리의 의무에"[166] 있다. 즉 "덕의 구속성은 덕이 세상에서 우리 자신의 이익을 증진시킨다는 것 이외에 다른 어떤 것에 기반을 두어서는 안 되기" 때문이다. "그러므로 자신은 일정 부분에서 덕을 따르지 않겠다고, 그로부터 기대할 수 있는 이득도 자발적으로 포기하겠다고 말하면서 그것을 피할 수 있다."[167] 이와 같은 구분에서 출발한 크루지우스는, 도덕적 규범이 구속력을 갖는 근거에 대한 질문에 대해 우리로 하여금 그것을 따르도록 하는 동기에서 그 답을 얻을 수 없다는 사실과 내적인 또는 외적인 강요도 두려움이나 희망도 성향이나 사랑도 "의무"의 타당 근거로 고려될 수 없다는 사실을 최초로 깨달은 인물이다.[168]

크루지우스는 볼프와 반대로 다음과 같이 재차 강조한다. "그러므로 사물의 질die Güte der Dinge은 의지와의 관계 속에 그 본질이 있다. 비교해보면 이는 진실이 이성에 대한 관계를 고집하는 것과 마찬가지이다." '완전함Vollkommenheit'의 개념도 평가하는 의지를 전제로 한다. 따라서 크루지우스는 또 다시 신의 의지야말로 도덕적 선의 원천이고 도덕적 구속력의 타당 근거라고 생각한다.[169] 크루지우스는 이처럼 해결을 시도하면서 합리적으로 더 이상 규명될 수 없는 명령을 도덕과 자연법의 원칙으로 만들었을 뿐만 아니라, 우리의 "신에 대한 의존"[170]이라는 생각을 위해 볼프의 도덕적sittlich 자율성의 이념을 포기했다. 그 결과 하나의 과제가 남겨지게 되었고, 이는 칸트의 윤리적 성찰에서 해결해야 할 주제가 되었다. 그럴 것이 크루지우스가 "신의 의지에 복종하려는 의

도를 덕의 형식적인 것das Formale der Tugend"이라고 부른다면[171] 칸트 또한 법을 위해 도덕적으로 요구된 것을 실천에 옮기려는 의지를 윤리Sittlichkeit의 전제조건으로 규정한 만큼, 그와 칸트는 전적으로 의견이 일치했기 때문이다. 따라서 칸트에게는, 크루지우스가 강조한 도덕 법칙의 무조건적 구속력이 볼프의 자유의지의 도덕적sittlich 자율성 이념과 일치하는 지점으로까지 '윤리성Sittlichkeit'의 개념을 규명하는 것이 중요한 문제일 수밖에 없었다.

3. 도덕적sittlich 자율성에 관한 칸트의 학설

칸트의 윤리학에는 선행된 모든 윤리학적 성찰의 다양한 단초들과 발전이 수용되었을 뿐만 아니라, 그들이 해결하지 못한 것과 오해한 것들이 해소되었다. "윤리Sittlichkeit의 원칙을 찾아내기 위해 일찍이 감행된 모든 노력은 …… 전부 실패하지 않을 수 없었다"[172]는 칸트의 단언이 아무리 정당할지라도, 칸트의 윤리학이 유래하고 그의 인식의 성과를 비로소 볼 수 있게 해준 역사적 성찰의 맥락이 가려져서는 안 될 것이다. 보편적이고 합리적으로 규명 가능한 도덕에 대한 그리스적 이념이 사도 바울의 신학에 의해 의문시되고 동시에 심화된 이후, 또 기독교의 종교적 경험을 통해 새로워진 윤리Sittlichkeit 이념이 근대 철학에서 다시 합리적인 토대를 얻게 된 이후 비로소 주어진 역사적 조건들 아래 칸트는 그의 도덕적sittlich 자율성에 대한 학설을 발전시킬 수 있었고, "지금까지의 모든 노력들"에서 윤리Sittlichkeit 이념이 이질적인 생각 및 관심들과 뒤섞여 틀리지는 않았다 해도 결코 명료하게 파악되지 못했다는 것을 지적할 수 있었다.

칸트가 《도덕 형이상학Metaphysik der Sitten》 서문에서 어떤 법이 도덕적이라면 즉 어떤 구속력의 근거로 간주되어야 한다면 그 법은 절대적 필요성을 수반해야만 하고, 그 구속력의 근거는 인간의 천성이나 세상의 형편에서 찾을 것이 아니라 선험적인 순수 이성의 개념 속에서[173] 찾아야만 한다고 설명할 때, 그는 우선 그리고 무엇보다도 특히 우리가 의당 도덕적인 요구 탓으로 돌리는 유형의 구속력은 어떤 경험적 사실에서 도출될 수 있는 것이 아니라는 점을 분명히 하려는 것이다. 예컨대 지복至福에 대한 추구에서, 이기적이거나 호의적인 충동과 성향(홉스, 허치슨Hutcheson)에서, 또는 공감의 감정(아담 스미스Adam Smith)에서 윤리Sittlichkeit를 인류학적으로 규명하려는 모든 시도는 불충분한 것으로 입증된다. 그렇다고 도덕적 구속력을 기독교의 계시의 신에게로 모두 소급하는 것도 목표를 빗나가는 것이다. 왜냐하면 "복음서의 성인조차도 성인으로 인정받기 전에 먼저 도덕적sittlich 완전성에 대한 우리의 이상과 비교되어야 하기 때문이다."[174] 칸트의 비판에서 이성적 형이상학의 자연 신학이 근거 없는 것으로 판명된 후, "철학자들의 신" 또한 도덕의 타당근거로 더 이상 고려되지 않았다. 도덕적 구속력이 순수한 순환논증에 의존하지 않는다면(즉 윤리성Sittlichkeit

의 원칙이 선험적으로 분석적인 판단이 아니라면) 그리고 도덕 법칙이 "절대적 필요성을 지니고 있다"면, 도덕적 구속력의 근거는 "순수 이성의 개념" 안에서만 찾을 수 있을 뿐이다. 칸트가 루소Rousseu 를 통해 인간을 존중하는 법[175]을 배우고 영국의 도덕-감각-철학 (샤프츠베리Shaftesberry, 허치슨Hutcheson)[176]을 통해 새로워진 플라톤적 통찰,[177] 즉 "해야 할 것에 대한 인식, 그러므로 또한 알아야 할 것에 대한 인식은 모든 인간의 의무이고, 또한 가장 비천한 사람까지 포함하여 모든 이의 일이 된다는 것을 확인한 후에, 인간 이성을 분석하면서 보편적으로 구속력 있는 윤리성Sittlichkeit의 원칙들과 그 원천을 "순수 이성의 개념들"로부터 얻을 수 있었던 그에게는 평범한 인간 이성의 도덕적 인식"[178]이 인식의 원천이 되었다.

이 분석을 통해 칸트가 얻은 최초의 중요한 성과는 '윤리성Sittlichkeit' 개념이 사실들 또는 실제로 그러한 것과 관계되는 것이 아니라 구속력 있는 규범들 또는 실제로 그러해야 하는 것과 관계되며,[179] 이 규범들을 준수하거나 위반할 때 우리를 이끄는 의도와 관련이 있다[180]는 통찰이었다. 규범에 맞는, 따라서 "의무에 따른" 행위는 "어떤 정해진 목적을 달성하는 데 적합한지"와 상관없이, "이기적 의도에서"가 아닌 "의무에서" 행해지는 경우에만 도덕적으로 훌륭하다.[181] 그러나 행위는 "그 행위를 통해 달성되어야만 하는 의도"에서(마치 "행위 대상의 현실"이 행위의 "가치"를 형성하는 것처럼)가 아니라 "그 행위를 결심하게 만든 원칙"에서, 즉 "욕망의 온갖 대상들에 개의치 않고 행동하게 만드는 단순한 의지의 원칙"에서 "그 도덕적 가치"를 얻는다.[182] 그러므로 어떤 행위의 도덕적 가치나 성격은 행위자의 의도와 행위자를 그 행동으로 이끄는 규칙(원칙)이 도덕적으로 권할 만한 것인가, 즉 "도덕법칙Sittengesetz"에 맞는가의 여부에 달려 있다. 도덕법칙Sittengesetz은 무엇을 하도록 요구하고 무엇을 그만두도록 요구하는가 하는 질문에 대해 칸트는 지금에 와서는 잘 알려진 것이지만 당시로서는 뜻밖의 대답을 했다. 다름 아닌 스스로 보편적으로 구속력 있는 것으로 인정되는 준칙의 유용성으로서, 즉 "그 원칙이 일반적 법칙이 되기를 바랄 수 있는 그런 원칙에 따라서만 행동하라"[183]는 것이었다. 이 "정언적"(즉 무조건적으로 명령하는, 그러므로 사전에 의도했던 행동 목적과 무관한) 명령이 우선적으로 요구하는 것은, 모두가 그 준칙에 따라 행동하고 직접 관계되는 경우라도 무리가 없는 것으로 인정할 수 있는 그런 준칙들에 따라서만 행동해야 한다는 것이다. 그래서 각각의 준칙들은 모든 다른 사람들, 특히 어떤 식으로든 행위와 관련된 모든 사람들에 의해 무리가 없는 것으로 인정받을 수 있다—이것은 만인의 평등을 전제로 한다.—나아가 임의의 행동 목적들을 선택하는 선택권이 각자에게 주어졌다는 것 또한 가정된다. 이에 따라 각 개인은 만인의 평등이라는 전제 하에 가능한 정도까지만 행동의 자유를 누린다. 요컨대 칸트의 정언명령은 "인간은 기꺼이 …… 모든 것에 대한 그의 권리를 내려놓는다. 그리고 그가 그 자신에 대해 다른 사람들에게 허용할 수 있는 정도만큼의 자유를 그 자신이 다른 사람들에 대해 갖는 것에 만족한다that a man be willing …… to lay down his right to all things, and be contented with so much liberty against other men, as he would allow other men against himself"[184]는 홉스의 자연법의 기본 규범에 상응하며, "행동이나 행동 준칙이 어떤 일반적 법칙에 따라 각 개인의 임의의 자유를 모든 사람의 자유와 양립시킬 수 있는 그런 각각의 행동은 옳다"[185]고 보는 칸트 자신의 "법의 일반적 원칙"에 상응한다. "도덕법칙Sittengesetz"은 모든 행동에 있어 모든 다른 사람의 평등과 자유를 지키려는 의도를 의무화한다는 점에서 이런 법의 기본 규범과는 구분된다.

이제 칸트는 도덕성Sittlichkeit의 규범적 질서를 형이상학적으로, 현상세계 너머의 오성을 통해서만 인식 가능한 예지적 세계로 새롭게 해석했다. 따라서 칸트의 이원론적 인류학과 더불어 오성세계 및 감각세계의 대립은 이념과 현상의 이원론(플라톤Platon), 하느님의 나라와 지상의 나라(아우구스티누스Augustinus), 자연의 제국과 은총의 제국(라이프니츠Leibniz)에 상응한다. 즉 오성세계의 일원으로서 우리는 언제나 "순수 의지의 자율성의 원칙"에 합당하게 행동해야 한다. 반면 "감각세계의 단순한 부분으로서" 우리의 행위들은 "욕망과 성향Neigungen의 자연법칙과 자연의 타율성에 입각해 다루어져야 한다. …… 그러나 오성세계는 감각세계의 기반을, 그러므로 감각세계의 규칙들의 기반을 또한 포함하기 때문에 이성적인 존재로서 우리는 …… 의지의 자율성에 종속된 우리 자신을 인식하게 된다."[186] 칸트는 이로써 정언명령의 "가능성"(즉 여기서는 구속력)을 "연역했다"고 믿는다.[187] 그는 이 형이상학적 해석의 차원에서 크리스티안 볼프의 객관적 도덕에 관한 학설을 새롭게 정비했고, 감각적으로 자극받은 의지의 "강박관념"으로서 크루지우스가 강조한 도덕법칙의 무조건적 구속력을 저 예지적 존재의 질서로부터 도출하고자 했다.[188]

칸트는 이 "자연주의적 오류naturalistische Fehlschluß"[189]를 곧 철회했다. 그는 《실천이성비판Kritik der praktischen Vernunft》(1788)에서 정언명령의 구속력을 말하자면 "우리가 선험적으로 의식하고 있고 반박할 수 없이 확실한, 순수이성의 증명 가능한 사실"로 본다. 그래서 "도덕 법칙의 객관적 현실은(즉 여기서 다시금 그의 구속력은) 어떤 연역에 의해서도 …… 증명"될 수 없지만 그럼에도 불구하고 "그 자체로" 확실하다.[190] 정언명령의 구속력이 확인은 가능하지만 증명은 불가능하다는 이 같은 주장은 칸트의 윤리적 성찰이 직면한, 칸트의 후속세대에 의해서도 극복될 수 없었던 한계를 드러낼 뿐이다. 도덕적 신념을 위해 영혼의 불멸과 내세에서의 보상적 정의를 믿도록 강요받는다는 것을 증명하려는 칸트의 시도에서 오히려 그 자신이 자신의 철학적 저작이 비판한 저 신학적이고 형이상학적인 견해에 얼마나 집착했는지가 드러난다.[191]

4. 피히테와 쉘링에게 도덕적인sittlich 것과 자유의
    절대주의

도덕 규범의 절대적 구속력에 대한 칸트의 통찰은, 도덕 규범의
구속력의 근거는 신의 의지에 있고 도덕성Sittlichkeit은 신의 의지
에 복종하려는 의도에 있다는 아벨라르두스, 둔스 스코투스, 수
아레스Suarez, 루터, 푸펜도르프 및 크루지우스의 학설을 수용한
것임에 틀림없다. 윤리Sittlichkeit에 대한 칸트의 분석에서 신의 의
지가 마치 실천이성의 명령 그 자체인 양 해석된다 하더라도, 그
에게 있어서도 도덕적 구속력은 다른 사람들에 대해 어떤 직접적
인 관계도 갖지 않는 내적인 경험이다. 즉 행위자는 (종교적으로
표현해) 그의 양심에만 책임을 지며 바로 그렇기 때문에 자유로운
것이다. 근대 윤리학의 기독교-루터교적 유산이 여전히 뚜렷하
게 인식될 수 있는, 고독한 개인을 향한 요구로서 도덕성
Sittlichkeit에 대한 이러한 해석은 피히테Fichte와 쉘링Schelling의 도
덕적인sittlich 것에 대한 이해에서 "도덕론Sittenlehre"의 토대가 되
고, 그래서 (도덕적sittliche) 신념의 개념은 윤리학의 중심이 된다.
   자유롭게 선택한 삶의 태도Lebenshaltung로서 도덕성Sittlichkeit에
대한 피히테의 해석은 "어떤 철학을 선택하는가는 그가 어떤 인간
인가에 달려 있다"[192]는 그의 확신과 정확히 일치한다. 그러므로
그에게 도덕Sittlichkeit은 자유롭고자 하고 언제나 자기 자신과 일
치하고자 하는 의지에 기인한다. 따라서 칸트의 정언명령은 피히

테에게서 "네가 네 의지의 원칙을 너를 위한 영원한 법률로 생각할 수 있도록 행동하라"[193]는 "도덕론Sittenlehre의 원칙"으로 바뀐다. 피히테는 "인간을 그 자체로, 고립시켜" 특히 "그와 같은 이성적 존재들과의 모든 관계 밖에서" 고려하는 한 이미 이 원칙을 얻을 수 있다고 믿는다. 따라서 그는 각 개인의 주관적 의지는 언제나 그의 이성적 의지, 즉 "영원히 가치 있는 의지의 이념"과 일치할 것을 요구한다. 그러할 경우, 그가 보기에 의지는 도덕적으로 sittlich 훌륭한 것이다. 그런데 자유의지는 모든 비이성적인 것을 굴복시키고 자유롭게 자기 고유의 법칙에 따라 그것을 다스리려 하기 때문에, 우리 밖에 있는 것들이 우리의 이성적 의지와 일치할 것을 동시에 요구하며, 이러할 경우 우리는 행복하다고 피히테는 말한다. 그러므로 "도덕적 선의sittliche Güte"와 "행복"은, 모든 노력의 최종 목표로서 도달 불가능하긴 하지만 바로 그렇게 때문에 "무한으로의 완성Vervollkommung ins Unendliche"의 과제인 "최고의 선das höchste Gut"을 이룬다.[194]

피히테는 이 같은 방법론적 유아론唯我論으로부터 인간에게는 자유의 실현을 위해 "이성적 존재들을, 즉 자기 밖의 자기와 같은 사람들을 받아들일 수 있는 본능"이 있다고 유추한다. 그러나 한 이성적 존재는 또 다른 이성적 존재와 관련되어 있기 때문에 "일반적으로 자유나 사회를 통한 상호작용이" 발생한다. 상호작용 또한 자유와 조화의 법칙 아래 있을 수밖에 없기 때문에, 지배로부터 벗어나야 한다는 사회적 관계에 관한 부정적 규정과 "모든 개인들의 완전한 일치와 단결"에 이르기까지 "종Gattung의 완성"에 기여해야 한다[195]는 긍정적 규정이 생긴다.

"사회 일반"에 대한 피히테의 개념은 칸트의 "목적의 왕국Reich der Zwecke"[196]과 마찬가지로 모두가 도덕적으로 책임감 있게 행동하는 사람들로 구성된 공동체의 도덕적sittlich 이념과 관련되며, 따라서 "국가라고 불리는 특별히 경험적으로 조건 지어진 종류의 사회"와 혼동되어서는 안 된다. 오히려 피히테는, 경험적 상황에서 사람들은 일반적으로 도덕적으로sittlich 책임 있게 행동하지 않으며 "단순한 이성"보다는 "강함이나 영리함"을 더 많이 따른다[197]는 사실에서 국가의 필요성을 찾으려는 것 같다. 따라서 국가 법질서의 과제는 허용 가능한 범위를 설정하는 것이고 반면 도덕적sittlich 규범들은 무엇을 해야 하는지를 결정한다.[198] 어쨌든 국가 또한 "완전한 사회의 건설"에 도움이 되어야만 하고, 그래서 "정부를 불필요하게 만드는 모든 정부의 목적"뿐만 아니라, "인류의 선험적으로 예정된 길 위에는 모든 국가적 연결이 쓸모없어지는 그런 지점이 있다"[199]는 사실 또한 예언해볼 수 있다. 따라서 피히테에게 있어서 실천철학은 이 초기 구상에 따라 기본적인 하나의 부분과 여기에 토대를 두기는 하지만 서로 독립된 두 개의 부분으로 구분되는 것처럼 보이는데, 기본적인 부분에서는 고립된 개인을 다루고 윤리Sittlichkeit의 원칙으로서 자기 자신과의 일치를 추론하며, 두 개의 부분에서는 한편으로는 "사회 일반"의 개념과 윤리Sittlichkeit의 원칙으로서 "자유를 통한 상호작용"의 법칙을, 다른 한편으로는 국가 질서의 필요성과 법의 원칙을 설명하고 있다.

그것은 쉘링이 초기 저작 《자연법의 새로운 연역*Neue Deduktion des Naturrechts*》(1795)에서 발전시키려고 한 구조이기도 하다. 여기에서도 먼저, 고립된 개인의 행동에 관한 이론으로서의 도덕이 자유의지의 개념에서 추론되고, 이어 "도덕적 존재들의 제국"에 관한 이론으로서의 윤리학뿐만 아니라 개인들의 "타고난 권리"에 관한 이론으로서의 법학에도[200] 기초가 된다.

쉘링에 따르면 윤리학이 의지의 일반성을 요구하는 반면 법이론 Rechtslehre은 의지의 개성을 보장한다. 그러나 그는 일반 의지가 개인 의지에 반해서만 자신의 요구를 관철하고 개인 의지는 일반 의지에 반해서만 자신의 개성을 주장할 수 있는 한 "모든 도덕 철학의 문제"는 아직 해결된 게 아니라고 해석한다. 따라서 "도덕적 세계에서 …… 의지의 최고의 일반성과 최고의 개성을 결합시킴으로써" 개인적이라고도 일반적이라고도 부를 수 없는 어떤 "절대 의지"를 형성하는 것이 중요하다. 그러면 "만인의 의지는 …… 최고의 무제한적 자유와 최고의 합법성에 동시에 관련될" 것이다. 그렇게 "윤리학과 법이론"은 둘 다 일면적이고 잠정적인 것으로 판명된다. "일찍이 그들이 그들의 과제를 완전하게 해결했다면 그들은 대립적인 학문이기를 그칠 텐데."[201] 그러나 의무와 권리의 통일의 실현은 주어진 경험적 조건하에서의 도덕적인sittlich 행동 과제이기 때문에, 쉘링의 절대의지에 대한 이상은 궁극적으로 인간 역사의 목표로서 입증된다. "윤리학"은 이로써 역사적인 크기geschichtliche

Größe가 되었다.

피히테의 도덕론Sittenlehre과 자연법 간의 구분 또한 의무와 권리 간의 이 같은 구분에 근거한다. "도덕법칙Sittengesetz은 정언적으로 의무를 명령한다. 반면 법의 법칙Rechtsgesetz은 사람들이 자기 권리를 행사하는 것을 허용할 뿐 결코 명령하지 않는다."[202] 따라서 피히테에게 있어 도덕적 의무는 우리가 법적 규범과 제재 없이도 다른 사람과 우리 자신에게 의무인 것, 따라서 한 사람의 의무에 다른 사람의 도덕적 요구가 일치하는 것에 대한 총괄개념이 더 이상 아니라, 개인이 절대적 자유를 위해 복종하지 않을 수 없는 요구들에 지나지 않는다. 주관적 자의를 극단적으로 배제하는, 무조건적으로 명령하는 도덕법칙Sittengesetz의 이 같은 절대주의는 피히테의 도덕론Sittenlehre에서 도덕적sittlich 행동의 결정적인 기준으로서의 개인적 신념을 마찬가지로 극단적으로 강조함으로써 다시 지양된다. "자립성, 어떤 예외도 없이Selbstständigkeit, schlechthin ohne Ausnahme", 이것이 도덕Sittlichkeit의 원칙이어야 한다[203]는 생각으로부터 피히테의 도덕적 기본 규범sittliche Grundnorm이 나오게 되었다. "언제나 너의 의무에 대해 최고의 신념을 갖고 행동하라. 아니면 너의 양심에 따라 행동하라."[204] 그는 "도덕성이 …… 늘 어떤 우연에 의존한다"는 것을 아주 분명하게 인식하기 때문에, "의무에 대한 우리의 신념이 옳은지를 판단하는 절대적 기준에 대해"[205] 즉시 의문을 제기한다. 그는 그 기준을 이른바 "우리의 의식과 우리의 원초적 자아와의 직접적인 일치"가 드러나는 "진실과 확신의 감정" 속에서 발견할 수 있다고 믿는다.[206] 이것이 신뢰할 만한 토대가 아니라는 것을 그 자신도 확실히 알게 되었던 것인지, 나중에 그는 자신의 책에서 어떤 갈등이 일어난 경우 "어떤 자유의 행사가 도덕법칙Sittengesetz에 반하는지"[207]에 대해 누가 "보편타당한 재판관"이 될 수 있는가 하는 문제를 새롭게 제기했다. 만약 "견고한 교회와 국가 간에, 개인들의 절대적 양심의 자유 간에 충돌이 발생한다"면, 이성적 결정 능력을 갖추고 있는 것처럼 보이는 "학식 있는 독자 대중의 생각Idee eines gelehrten Publikums"에서 이 갈등에 대한 해결책을 발견할 수 있다고 그는 믿는다. "이 생각은 도덕법칙Sittengesetz을 통해 실현된다."[208] 그러나 그는 이런 언급이 도덕적 문제들에 대한 결정을 정치 문제화했다는 자백임을 깨닫지 못하는 것 같다.

그러므로 주관적 자의를 배제하는 이성의 절대주의와 결국은 자의적일 수밖에 없는 양심의 자유 및 주관적 신념의 절대주의가 피히테의 '도덕성Sittlichkeit' 개념에서 서로 만난다. 도덕성에 대한 그의 견해에 따르면 "도덕적 최종 목적, 즉 이성 일반의 자립성"은 "우리는 모두 똑같이 행동해야 한다"[209]고 요구한다. 반면 모두가 자신의 신념에 따라서만 행동한다면, 행동의 획일성은 전혀 기대할 수 없을 것이다. 그럼에도 불구하고 피히테는 도덕법칙 Sittengesetz의 지배 하에서라면 법률을 제정하고 강제하는 힘으로서의 국가와 교회는 필요 없어질 것이라고 가정했다. "그러면 모든 사람은 자신이 하고자 하는 모든 것을 해도 될 것이다. 왜냐하면 모

든 사람이 같은 것을 원하기 때문이다."²¹⁰ 따라서 윤리성Sittlichkeit
의 이념은 그에게서 역사철학적인 유토피아로 바뀌게 되었다. 바
로 이런 피히테의 자유와 도덕Sittlichkeit의 절대주의는 19세기에 계
속해서 확고한 지반을차지하게 된 저 상대주의의 토대가 되었다.

19세기 보편적 윤리성Sittlichkeit 이념의 상대화

CHAPTER III

Die Relativierung der Idee einer universalen Sittlichkeit im 19. Jahrhundert

III. 19세기 보편적 윤리성Sittlichkeit 이념의 상대화

●●●   소크라테스 이래로 윤리적 성찰을 이끌어온 두 가지 동기, 즉 '도덕Sittlichkeit'개념을 해명하기 위한 노력과 이성적이고 보편적으로 추구할 가치가 있는 삶의 형태에 대한 질문은 칸트와 피히테가 도덕적sittlich 원칙에 따라 영위된 삶만을 추구할 가치가 있는 것으로 간주하는 한, 이 두 철학자의 사고 속에서 다시 한 번 통합을 이룬다. 이러한 신념은 한편으로는 대안적인 삶의 형태를 더 높이 두면서 다른 한편으로는 도덕적sittlich 규범들의 무조건적 구속력에 의문을 제기하는 성찰을 통해 곧 의문시되었다. 이미 일찍부터 '도덕Moral'과 '덕Tugend' 또는 '악덕Laster' 같은 표현들에는 구시대적이라는 의미가 함축되어 있었다. 이 표현들은 계몽주의의 언어 사용과 너무 밀접하게 연결되어 있는 것처럼 보였기 때문에, 특히 피히테와 쉴러의 영향을 받아 '도덕성Moralität'과 '윤리성Sittlichkeit' 내지 '비도덕성Unmoralität'과 '비윤리성Unsittlichkeit'으로 종종 대체되었다. 그러나 칸트와 피히테의 관념론적 윤리

학의 개념들 또한 곧 비판의 대상이 되었다. 그 개념들은 진정으로 추구할 만한 가치가 있는 삶의 형태를 고려하여 극복해야만 한다고 믿었던 특정한 입장을 전제로 하는 것처럼 보였기 때문이다. '도덕' 자체는 결국 무조건적으로 구속력 있는 규범들의 총괄 개념으로 인정받지 못하게 되었다. 도덕은 사회적 또는 문화적으로 제약된 세계관으로 그 의미가 제한되어, 대부분 '기독교의' 또는 '시민의'와 같은 부가어들과 더불어 특정 집단의 도덕으로만 여겨졌다. 그러나 독일 고전 철학의 개념어Begriffssprache는 보편적이고 합리적으로 증명 가능한 도덕 이념과 도덕적 신념들의 역사성 간의 관계를 밝힐 만큼 충분히 세분화되지 않았고, 보편적 윤리성 Sittlichkeit 이념을 정당한 의심에 맞서 지키려는 노력보다는 전통적인 선입견들을 파괴하는데 관심이 더 컸기 때문에, 이 이념은 20세기에 들어와 새로운 역사적 경험들에 의해 포기할 수 없는 중요한 것으로 밝혀질 때까지 상대적 회의주의에 빠지게 되었다.

1. 도덕적 행동에 대한 쉴러의 비판

칸트의 철학과 윤리적 분석들은 18세기의 마지막 10년 동안 대단히 중요해졌다. 이는 쉴러의 미학과 쉴러와 칸트와의 대결이 도덕 일반에 대한 비판으로 확대되고 헤겔에 영향을 미침으로써 19세기에 폭넓은 발전을 촉구하는 데 기여했다. 도덕성Sittlichkeit을 이

해함에 있어 샤프츠베리와 영국의 도덕-감각-철학으로부터 감명을 받은 쉴러는, 먼저 우리의 감탄스러운 갈채를 즉시 자아내는 행위들 속에서 표현되는 일종의 영혼의 아름다움으로서 도덕성 Sittlichkeit을 이해했다. 즉 쉴러에게 덕은 "예의에 맞는 아름다움 sittliche Schönheit" 내지 "도덕적인 아름다움"[211]이다. 따라서 "너는 천성적으로 선했다. 너의 선함은 신성하고 예의에 맞는sittlich 우아함을 지녔다. 나는 너의 도덕성에 대해 염려할 것이 전혀 없었다"[212]고 말할 때, 그가 샤프츠베리에 가깝고 칸트와는 멀다는 것은 아주 명백하다. 사실 칸트는 도덕성이 "천성"에 기인하며 교육이나 성찰을 통해 말하자면 세속화될 수 있다는 것에 이의를 제기할 필요가 없었는지도 모른다. 그러나 쉴러가 우미優美(Anmut)를 도덕성의 표시로 해석할 때는, 우리가 쓰는 의미에서의 도덕성 Sittlichkeit이 아니라, 가령 키케로의 의미에서 그리고 '적절한 처신 decorum'을 '도덕적으로 선한 것honestum'으로 보는 그의 관점에서 어쩐지 기쁨을 주는 태도eine irgendwie erfreuliche Verhaltensweise를 말하는 것이다. 반면 칸트는 어쩐지 기쁨을 주는 행동으로부터 도덕적 행동을 분리시키고자 노력했다. 이런 조건하에서, 호의 Wohlwollen와 같은 성향은 그 자체로 결코 어떤 행위의 도덕성을 구성하지 않는다는, 특히 도덕-감각-철학에 반대되는 칸트의 테제와 인간 본성에 내재하는 악에의 경향을 극복하지 않고는 윤리 Sittlichkeit가 불가능하다[213]는 경건주의적 전통에서 유래하는 칸트의 신념이 쉴러로서는 받아들일 수 없는 것처럼 보였던 게 분명하다. 그러나 무엇보다도 쉴러는 가장 추구할 만한 가치가 있는 삶의 형식의 문제에 대해 칸트의 도덕 분석이 만족스러운 답을 갖고 있다는 견해에 반론을 제기하지 않을 수 없었다. 쉴러는 이 추구할 만한 가치가 있는 삶의 형식을 오직 "예의에 맞는sittlich 아름다움"의 이상 속에서만 구할 수 있다는 사실에 대해 결코 의심하지 않았다. 그러나 '도덕Moral'이라는 용어의 모호함도, 도덕적인sittlich 것에 대한 칸트의 개념과 관련하여 제기된 다양한 문제들 간의 차이들도 그에게는 충분히 명료하지 않았기 때문에 그의 입장은 늘 양가적이었다.

  쉴러가 도덕적인sittlich 것에 대한 칸트의 분석을 결정적인 것으로서 받아들일 용의가 어느 정도 있었는지는 쾨르너Körner에게 보내는 그의 이른바 〈칼리아스 편지들Kallias—Briefen〉(1792/93)에서, "감성적 관심에 반反하여 법에 대한 존중에서 취해진" 행동이긴 하지만, 행동하는 중에 행위자는 자기 자신을 잊지 않고 "단순히 본능만이 그에게 작용한 것처럼 가볍게 자신의 의무를·이행"하지 않는 그런 행동을 그가 "순수하게 도덕적rein moralisch"이라고 부를 때 드러난다. 그러므로 도덕Sittlichkeit은 처음부터 어떤 결핍과 연관된 것처럼 보인다. 쉴러는 "한 인간의 인격완성의 최고치das Maximum der Charaktervollkommenheit"인 "도덕적 아름다움"은 "의무가 자연이 될 때" 비로소 달성된다고 본다.[214] 《우미와 존엄Anmut und Würde》(1793)이라는 책에서 그는 '도덕적 자유'를 자연에 대한 의지의 지배로 해석했다. 그러나 감성에 대한 이성의 지배는 "표현의 아름다움"에는 역부족이며, 표현의 아름다움을 위해서는 오히려 "이성과 감성—의무와 성향—의 조화"가 요구된다고 보았다.[215] 도덕성Sittlichkeit이 보편적으로 구속력 있는 규범들과의 일치를 의미하며 자율성의 조건하에 인간의 공존을 가능하게 해야 한다는 것은 "인간의 도덕적sittlich 완전성"에 대한 쉴러의 고찰에 있어서는 중요하지 않다.[216] 여기서 '도덕적sittlich'이라는 말에는 여전히 윤리ἠθικός에 대한 플라톤-아리스토텔레스적인 의미가 들어 있는 것처럼 보인다. 그리고 그가 인격의 완성을 "한 아름다운 영혼의 도덕적 아름다움" 속에서 찾을 수 있다고 믿는다면,[217] 이는 아리스토텔레스 및 스토아학파의 개념 "칼론καλόν(고귀한, 아름다운)"의 다의성을 상기시킨다.

쉴러는《우미와 존엄》에서 "도덕적 자유"는 "아름다운 영혼"에 있어서 의무와 성향의 조화를 위한 준비 단계일 뿐[218]이라고 주장한다. 그밖에 "우미는 아름다운 영혼의 표현"이고, 반면 존엄은 "고양된 신념의 표현"이며 감성에 대한 도덕적 의지의 지배에 관한 표현이다. 우미와 존엄이 "한 인격 안에서 하나"가 될 때에야 비로소 "그 인물 속의 인간성의 표현이 완성된다."[219] 그와는 달리 피히테가 예나Jena에 등장한 이후에 쓰인 그의《인간의 미적 교육에 관하여Über die ästhetische Erziehung des Menschen》(1795)라는 편지들에는, 미와 예술은 인간을 충동 의존적인 자연적 상태로부터 데리고 나와 "도덕적인 자유와 절대적인 것"으로 끌어올리는 수단이며, 그래서 인간의 미적인 상태는 (불완전한) 과도기로 보인다는 생각이 지배적이다.[220] 그러나 이것은 결국 다시 "미적인 국가"가 "윤리적인 국가"의 완성이라는 주장[221]을 막지는 못한다. 동시에 쓰인 피히테와 셸링의 초안에서처럼 이 모델에서도 법과 도덕의 일면성은 보다 높은 통일성으로 지양되어야 한다. 쉴러의 미의 제국이 법과 도덕을 넘어선 삶의 한 형태로 분명하게 구상되면서, 이들 두 규범 체계의 제약성과 잠정성이 훨씬 더 많이 강조된다. 이 구상은 청년 헤겔Hegel의 사상에서 최고의 의미에 이르게 된다.

2. 헤겔의 '도덕성'과 '인륜성Sittlichkeit'의 구분

쉴러의 칸트 비판과 횔덜린Hölderlin의 철학 이념이 헤겔 사상의 영역을 현저히 확장시키기 전에, 영국의 도덕-감각-철학의 견해, 역사를 인류의 도덕교육의 과정으로 본 레싱Lessing의 해석, 루소의 공화주의적 자유 이념 그리고 칸트의 윤리학은 헤겔의 기독교 종교 비판과 그리스인 및 로마인의 정치적 삶에 대한 연구에 영향을 미쳤다. 그때까지 헤겔은 기독교를 순수하게 도덕적 종교로 정화하는 것과 정치적 자유를 회복하는 것이 프랑스혁명을 통해 제기된 당대의 가장 중요한 요구라고 여기고 있었는데, 쉴러가 제기한 칸트 비판을 통해 도덕성의 이념 자체에 대해 돌연 의심을 갖게 되었다. 이제 헤겔에게 "도덕적 행위는 불충분하고 불완전한" 것으로 간주되는데, "왜냐하면 그것은 선택을 전제로 하고, 자유,

대립, 대립의 배제를 전제로 하기 때문이다."²²² 그는 이제 "이성의 도덕법칙Sittengesetz"을 (그것이 자유의지의 자율성에 기인한다는 것을 좀 더 고려하지 않고) "낯선 것"으로 표현하고, 그래서 다음과 같은 결론에 도달하게 된다. "도덕적 행위는 제한적이기 때문에 도덕적 행위가 유래하는 전체 또한 항상 제한적이며 이러한 제한 속에서 나타날 뿐이다."²²³ 그는 〈칼리아스 편지들〉에서의 쉴러보다도 더욱 단호하게, "철저하게 도덕적이기만 한 인간은 재력을 즐기지 않고 늘 끌어 모으기만 해서 보관하는 인색한 사람"²²⁴이라고 주장한다. 여기에서 헤겔은 쉴러가 그랬듯이 칸트의 인류학적 조건들을 도덕성의 이념과 혼동한 것이 분명하다.

헤겔은 《프랑크푸르트 단편Frankfurter Fragmente》(1796~1800)에서 쉴러와는 다르게 미美에서가 아니라 사랑 속에서 이성과 의지, 감성의 화해 가능성을 더욱 분명하게 인식한다. "책임명령Pflichtgebote은 분리를 전제로 하고, 개념의 지배는 당위에서 인식되는" 반면, 사랑은 "법과 성향의 일치를 야기함으로써 법이 법으로서의 형태를 잃어버리게 만든다."²²⁵ 그와는 달리 도덕법칙Sittengestz이 명령하는 것, 즉 도덕법칙Sittengestz의 내용은 사랑 속에 보존되어 사랑 속에서 이행된다. 이와 동일한 관계를 헤겔은 예수 그리스도의 가르침에 의한 유대인의 의례법 "폐지Aufhebung"에서 재인식한다. "예수 그리스도는 유대인의 실정성實情性(Positivität)에 반反해 인간을 제시했다. 법과 의무에 반해 덕을 제시했고, 덕 안에서 실제적 인간의 부도덕성을 지양했다."²²⁶ 그러나 그가 보기에 사랑 역시

아직은 역사 속에서 인류의 자기 이해와 세계 이해를 결정짓는 모순적이고 상호 지배적인 경향들을 지양하려는 완전한 노력이 아닌 것이다. 사랑 안에서 모순되는 모든 것들이 극복된다 할지라도 사랑은 자신에게 낯선 모든 것을 차단하고 스스로 외부의 것과 대립한다. 헤겔에 따르면 이러한 대립은 "구체적이고 강하게 표시된 표현을 통해 정신의 평등이 지각되는 삶의 유대" 속에서만 지양될 수 있다.[227] 헤겔은 자신의 《프랑크푸르트 단편》에서 이러한 결합의 최고 형태를 '종교'라고 부른다. 그러므로 어떤 특정한 자기이해와 세계이해 및 그에 상응하는 사회적 상태에 각각 토대가 되는 의식의 4단계, 즉 의례법, 도덕성, 사랑 및 종교에 해당되는 각각의 의식의 단계는 헤겔의 역사 해석에서 대립들의 지양과 결합의 관계에 있다. "심정心情(Gesinnung)"*은 유대인들의 율법에 대한 믿음의 "실정성", "계명의 객관성을 지양한다. 사랑은 심정의 한계를 지양하고 종교는 사랑의 한계를 지양한다."[228] 여기서 도덕성은 규정된 방식의 자기이해와 세계이해로, 즉 인간이 구속력 있는 규범을 고려하여 심정에서 행동하는 의식의 상태로 환원된다.

이 같은 해석을 배경으로 헤겔은 이미 피히테가 언급한 사상을 급진화했고, "순수실천이성을 입법화하는 자율성의 숭고한 힘"은 사실 "순환 논증Tautologie에만 있다"고 설명했다.[229] 누군가가 자신의 재산을 (칸트가 말한 대로) "확실한 방법을 총동원해 늘리기

---

* [옮긴이] '심정'은 헤겔이 사용한 개념으로, 사회 안에서 사람들이 가지는 태도와 마음가짐을 말한다.

위해서" 자신에게 위탁된 재산을 소유주에게 돌려주지 않을 경우, 이 행동 준칙Maxime으로부터 공탁금Depositum이 더 이상 없기 때문에 보편법칙으로서 이 원칙 자체가 파기된다[230]는 결론이 나오는 것은 사실이다. 그러나 헤겔은 "공탁금이 전혀 없다는 것, 거기에 무슨 모순이 있는가?"[231]라고 이의를 제기한다. 따라서 헤겔은 타인의 재산을 넘겨받아 보관하고 있다고 해서 그 사람이 공탁금이 있어야 한다는 것을 인정했다고 생각하지도 않으며, 우리가 더 이상 어느 누구에게도 무엇을 맡겨서는 안 되고 어느 누구도 믿어서는 안 된다면 대체 도덕적으로 질서 잡힌 상태를 생각할 수 있는 것인지의 여부 문제도 다루지 않는다. 헤겔은 당면한 모든 윤리적 문제를 다루는 데서 벗어났다고 믿으면서 다음과 같은 결론을 내린다. "실천이성의 분석적 통일성Einheit과 순환논증은 무언가 불필요한 것일 뿐만 아니라 어법Wendung상으로도 무언가 잘못된 것이기에, 실천이성은 비인륜성Unsittlichkeit의 원칙으로 인식되어야만 한다."[232] 이로써 보편적 인륜성Sittlichkeit의 이념은 원칙으로서 포기된 것이다.

헤겔이 정언적 명령을 "비인륜성Unsittlichkeit의 원칙"으로 설명할 때, 그는 '인륜성Sittlichkeit'을 18세기 말 이래의 일반적 의미에서 사용한 것이 아니다(그렇기 때문에 이후 헤겔의 인륜성Sittlichkeit 개념에는 항상 인용부호가 사용된다). 여기서 "인륜성Sittlichkeit"은 각각의 개인들이 완전히 하나가 되는 한 민족의 "인륜적 전체sittliche Ganze"이다. "절대적이고 인륜적인sittliche 총체성은 다름 아닌 한 민족이다."[233] 따라서 종교 또한 특정의 강한 표현을 통해 정신의 평등이 의식화되는 삶의 공통성인 한, 헤겔의 "인륜성Sittlichkeit"은 가령 《프랑크푸르트 단편*Frankfurter Fragmente*》에서 그가 종교에 부여했던 역할을 떠맡는다.[234] 헤겔이 정언적 명령을 "비인륜성Unsittlichkeit의 원칙"으로 설명한다면 그것은 다음과 같은 의미이다. 칸트가 개인의 도덕성으로 표현했던 의지의 입장Willenshaltung은 헤겔이 '인륜성Sittlichkeit'으로 이해하려 한 "삶의 공통체eine Gemeinsamkeit des Lebens"를 원칙적으로 부인한다. 여기서 그는 우선 "도덕성"을 "인륜성Sittlichkeit"의 변질된 형태로 이해해야만 한다는 것을 전제조건으로 한다. 예나Jena 시대 말기에 헤겔은 그리스 민족의 삶이 갖는 원래의 "도덕적sittlich" 통일성을 파괴시킨 개인 자의식의 역사적 발전을 더 이상 변질이 아닌 인간적 자기 이해의 보다 높은 단계로 이해하기 시작하면서, 이 같은 전제조건에 의문을 제기했다. 이러한 변화에 있어 특기할 만한 점은 헤겔이 《정신현상학》(1807)에서 한편으로는 "법을 시험하는 이성"의 자의식으로서의 "도덕성"을, 한 민족의 생활세계에서 하나의 세계로서 자기 자신을 의식하고 또 자기 자신으로서 세계를 의식하는 정신의 자의식으로서의 "인륜성Sittlichkeit"으로 전환한 것이고, 그러나 다른 한편으로는[235] 그리스 도시국가와 로마 공화국의 "관습적sittlich 세계"로부터 "현세와 내세로 분열된" 중세와 절대주의의 세계, 그리고 혁명 후 독일 철학의 "도덕적 세계관"으로의 발전으로서 정신의 역사를 서술한다는 것이다.[236] 그러나 "도덕적 세계관"은 '도덕적'이고 '윤리적인sittlich 국가'가 아니라 "종교"로, 결국은 "철학의 절대적 지식"으로 지양된다.

'윤리Sittlichkeit' 개념사를 볼 때 이것이 의미하는 바는, 그리스 철학에서 처음으로 도덕적 자의식의 생성은 로마 황제시대에서의 사적 권리 형성과 똑같이 한 민족의 정치적 공동체로부터 개인의 해방으로, 따라서 사회적 관계의 발전과 연관된 역사적 과정으로 이해되었다는 것이다. 그러나 헤겔은 보편적 인륜성Sittlichkeit 이념의 역사적 조건을 간파하면서, 도덕적 규범의 보편적 구속력을 똑같이 명확하게 주시하거나 정당화하는 데 성공하지 못한다. 오히려 그에게 "도덕성"은 개인이 자의식 발전의 어떤 특정 단계에서 도달하게 되고, "인륜성Sittlichkeit"으로 나가는 방향에서 넘어서야 하는 세계관이다. 하지만 한 민족 또는 국가의 "인륜성" 안에서 보편적으로 구속력을 갖는 법과 도덕의 규범들이 공동 삶의 사회 문화적 규범화와 통합되어 나타나는 것처럼, 이것은 헤겔 철학에서 더 이상 명시적인 논의의 대상이 되지 못한다.

《정신현상학》에서 자유를 의식하고자 하는 의지의 발전이 합리적 자연법(추상법)으로부터 "도덕성"으로, 이어 "인륜성Sittlichkeit"으로 전개되는 한, 이 책에서 제시된 프랑스혁명으로부터 "도덕적 세계관"으로, 이어 종교의 영역으로 넘어가는 역사적 발전은 "법철학"(1820)의 구조와 일치한다. 여기에서 헤겔이 "인륜성Sittlichkeit" 이라는 제목 하에 서술한 기관들("가족, 시민사회, 국가")[237]은 무엇보다도 특히 기독교를 통해 형성된 본질적으로 개인주의적인 자의식의 조건 아래 인륜Sittlichkeit이라는 고대적 이념의 부흥으로서, 즉 '인륜적 국가sittlicher Staat'로서 파악되고 해석되었다.[238] 합리적 자연법과 이에 역사적으로 상응하는 합리적 윤리의 "추상적" 규범들이 칸트가 제시한 것처럼 혁명 후 국가의 "윤리Sittlichkeit" 안에서 지양되었다는 사실을 이제 헤겔은 분명하게 강조한다. "국가는 윤리적 이념의 현실태Wirklichkeit der sittlichen Idee이다."[239] 그러나 헤겔은 칸트의 도덕성의 원칙들이 "인륜성Sittlichkeit의 입장을 불가능하게 만들기까지 한다고, 아니 인륜성Sittlichkeit 자체를 명백히 파괴하고 격분시킨다"고 주장한다.[240] 헤겔에게는 "인륜성Sittlich-keit"도 본질적으로 하나의 "입장"이라는 것이 이로써 충분히 분명하게 언급된 것인데, 이 입장은 그 자신을 의식하는 가운데 그리고 사회에서의 자신의 위치를 이해하는 가운데 의식적으로 받아들여져야만 하는 것이다. 헤겔은 '인륜성Sittlichkeit' 개념의 역사성에 대해 선구적인 통찰을 했지만, 유감스럽게도 큰 파장을 몰고 온 인식상실Erkenntnisverlust이라는 대가를 치렀다. 즉 그가 역사적으로 실현되지만 역사적으로 제한되지 않는 자유의 이념에 비추어 '인륜성Sittlichkeit'을 이해할지라도, 그는 도덕성과 인륜성Sittlichkeit을 단순한 의식의 "입장"일 뿐이라고 너무 과소평가했기 때문에 보편적으로 구속력 있는 규범 체계로서 도덕성과 인륜성Sittlichkeit을 파악하고 서술할 수 없었다. 이렇듯 '인륜성Sittlichkeit' 개념을 상대화함으로써 나온 결론들은 다름 아닌 그의 철학적 전제에서 비롯된 것이다.

3. 헤겔 이후 철학에서의 '윤리Sittlichkeit'와 '도덕Moral'

헤겔의 뒤를 이어 윤리Sittlichkeit와 도덕에 관한 견해들이 발전해나
가는 데 있어 우선 중요한 것은 헤겔의 '도덕성'과 '인륜성Sittlichkeit'
의 구분이 아니라, 그의 종교철학과의 비판적 대결이다. 키르케고
르Kierkegaard는 초기까지만 해도 도덕성에 대한 헤겔의 비판에 대
해 아직 분명한 이의 제기 없이 자신의 첫 저서에서 윤리적 인생관
을 "아르키메데스Archimedes"식의 절대적인 견지에 이르는 개인의
기본자세로 해석하려고 시도했다. 그는 그 후 얼마 안 가서 헤겔과
유사하게 윤리(즉 "도덕적 세계관")를 자기실현을 위한 개인의 잠정
적 발전 단계로서 상대화했다. 그런데 이제 그는 헤겔과 정반대로
기독교의 역설적-종교적 인생관paradox-religiöse Lebensanschauung을
개인이 자아발견을 할 때까지 거쳐 가야만 하는 도정의 목표로 삼
는다.[241] 칸트와 피히테에 이르기까지 18세기 독일 프로테스탄티즘
에서 중요한 기독교 종교와 보편적 윤리의 일치가 이로써 지양되
었다. 정반대되는 방향에서 루트비히 포이어바흐Ludwig Feuerbach
는 지금까지의 모든 종교와 도덕을 유적類的 존재Gattungswesen로부
터의 인간 소외로 밝히고 휴머니즘Humanismus을 인간의 참된 종교
이자 윤리Sittlichkeit로 표명하기 위해, 헤겔의 종교철학이 입고 있는
기독교적이고 관념론적-형이상학적인 옷을 벗기려고 시도했다.
그에 따르면 신新휴머니즘적 윤리학Sittlichkeit은 삶을 부정하는 기
독교적 도덕을 "정신적"이고 "감각적인 자유"로, "자기 자신의 존

재의 힘"과 "자기 자신"에 대한 믿음으로 변화시켜야 할 의무가 있다.[242] 지금까지의 도덕의 상대성에 대한 확신은 현재와 미래에 도덕이 질적으로 변화할 것이라는 믿음을 갖게 했다. 이 믿음은 카를 마르크스Karl Marx에 의해 당장 받아들여져서 자본주의 사회를 비판하는 데 사용되었다. 동시에 마르크스는 "부르주아 도덕die bürgerliche Moral"("부르주아의 미사여구들die bürgerlichen Reden-sarten……, 대단히 도덕적인 경악das hochmoralische Entsetzen")을 미래의 도덕으로서의 휴머니즘에 대항시키기 위해 헤겔과 포이어바흐의 '소외' 개념을 자본주의 사회와 그 사회의 규범 체계(법, 도덕, 국가)에 사용했다.[243] 그러나 키르케고르도 포이어바흐나 마르크스도 그들의 비판으로부터 발생한 윤리적 문제들을 체계적으로 논의하려고 시도하지 않았다. 사람들은 "도덕적인 것을 자명한 것"으로 생각하기 시작했다.[244] 이는 의지의 형이상학에서 동정의 윤리학을 확립하고자 했으나 근대 유럽의 전통적이고 도덕적인 신념들에 대해서는 의문을 제기하지 않았던 쇼펜하우어에게도 제한적으로 적용된다.[245] 막스 슈티르너Max Stirner에 와서야 비로소 처음으로, 종교 비판은 기본적인 윤리적 규범들과 기독교적 서양에서 일반적으로 공유되는 신념들 및 단순한 관습이 되어버린 예의범절의 규칙들을 구분하는 일 없이 그 시대에 확실한 도덕적 가치로 인정된 모든 것에 대한 극단적 비판으로 확대되었다. 부분적으로는 오늘날까지도 효력을 갖는 금기사항들에 대한 그의 이 대담한 비판은 경솔함으로 인해 무례한 도전 이상은 되지 못했다.[246]

피히테와 쉴러가 편파적이라는 비판을 받을 수도 있는 개성적인 삶의 태도로 도덕성을 재해석한 것이 그 사이 얼마나 당연한 것이 되었는가를 키르케고르는 《이것이냐 저것이냐*Entweder-Oder*》(1843)에서 미학적 인생관과 윤리적 인생관의 대조를 통해 보여준다. "인간은 미학적으로 살든가, 아니면 윤리적으로 살아야 한다."[247] 윤리적 인생관의 우선적 특징은 더 이상 도덕적 규범에 따라 살려고 노력하는 것이 아니라, 대안적 가능성들 사이에서 자신의 행동을 결정하고, 자유롭게 행동하면서 스스로를 선택하고, 그럼으로써 스스로 설정한 대로 자기 자신이 되는 것을 의식하는 것이다.[248] 키르케고르가 '윤리적'이라고 칭한 실존적 기본 태도는 자기 동일시의 원칙 이외에 어떤 규범을 따라야 하는지를 분명히 밝히지 않은 채, 《이것이냐 저것이냐》에서까지는 아직 "기독교적 견해"와 동일시되고 있다.[249] 그러나 키르케고르는 이미 자신의 저서 《반복*Die Wiederholung*》(1843)에서 욥이 처한 시험을 "윤리적이지도 미학적이지도 교리적이지도 않고 철저하게 초월적"[250]이라고 말했으며, 그 후 같은 해 《공포와 전율*Furcht und Zittern*》에서는 "윤리적인 것 자체가 시험die Ethische selber die Versuchung"[251]임을 아브라함의 예를 들어 보여주고자 했다. 아브라함이 자신의 아들을 죽이라는 명령에 직면하여 윤리적으로 결정한다면 이것은 하나님의 뜻을 행하기를 거부하는 것을 의미한다. 그러나 그는 이 유혹에 저항함으로써 자신의 행동으로 "윤리적인 모든 것"을 초월하게 되며, 윤리적인 것 너머에서 그가 윤리적인 것을 보류한

만큼 보다 더 높은 목적ein höheres τέλος을 갖게 된다.[252] 따라서 종교적 기본태도로 전환되는 과도기에 이 같은 "윤리적인 것의 목적론적 보류"에서 도덕적인 것das Sittliche 자체의 무조건적 구속력은 거부된다. 키르케고르는 아브라함의 "역설적" 믿음이 바로 기독교 종교의 본질이라고 설명하면서, 근본적으로 기독교를 완전하거나 덜 완전한 도덕적 또는 윤리적sittliche 종교로 보려고 한 모든 시도에 대해 결별을 선언했고, 믿음의 순수한 영역을 되찾았다. 그러나 종교를 모든 이성과 윤리Sittlichkeit에 대립하는 "역설적인 것" 내지 "불합리한 것"으로 가정하면서 동시에 그는 믿음을 이성적이고 도덕적으로 정당화할 기회를 포기해버렸다.[253] 키르케고르가 이미 "인생관"으로 재해석된 '도덕'이라는 개념을 발견하지 않았더라면, 그는 진작 포기할 용의를 갖고 있었을 것이라고 의심해보지 않을 수 없다.

키르케고르와 한 목소리로 동시대 기독교의 부정직함에 대해 비판한 루트비히 포이어바흐는 정반대의 방향에서 종교와 윤리 Sittlichkeit 간의 갈등으로부터 키르케고르에 못지않게 극단적인 결론을 찾았다. "종교는 그 시대의 학문적, 정치적, 사회적 이해관계, 요컨대 정신적 및 물질적 이해관계와 대립하고, 인류는 근성이 썩고 비윤리적인unsittlich 상태—위선적인 상태—에 있기 때문에, 음지에서 활동하는 수상쩍은 종교의 존재를 완전히 이성의 통제 하에 두는 것은 도덕적 필연성이며 인간의 성스러운 의무이다."[254] 포이어바흐가 언급한 "비윤리성Unsittlichkeit"은 비도덕적 상태가 아니라 허상이 실상으로 실상이 허상으로 전도되는 것이어서, 도덕적인sittlich 것이 비도덕적인unsittlich 것으로 간주되고 도덕적sittlich으로 간주되는 것은 비도덕적인unsittlich 것이다. "진실은 우리 시대의 비인륜성Unsittlichkeit이다."[255] 이 같은 전도가 지양된 상태는 헤겔을 떠올리게 하는 '인륜적sittlich'이라는 단어의 의미에서 이야기될 수 있을 것이다. 포이어바흐는 "신은 드러난 내면이며 인간의 특별한 자아이다"라고 하면서 종교의 본질에 포함되어 있는 인간의 자기소외의 지양을 통해 헤겔을 불러들이고 싶어 했다.[256] 소외의 지양은 인간이 다른 존재(신)로 설정된 존재를 자기 자신의 존재로 재인식하는 데 있는 것이다.

인간에 대한 이 같은 사랑에서 어떤 도덕적 요구와 의무가 생겨날지는 상당히 불분명하다. 포이어바흐가 "도덕법칙Moralgesetz, 법률, 예의범절, 진실 자체에 대한 의식은 다른 사람이 나에게 보편적 의미를 가지는 한 다른 사람의 의식에 구속된 것일 뿐"임을 강조하는 것이 사실이긴 하지만,[257] 그러나 그는 인간의 감성과 육체성 및 "머리와 가슴"의 합일, 그리고 공감적共感的 인간성Mitmenschlichkeit에 대한 찬양 이상으로 나아가지는 못했다.[258] 도덕성Sittlichkeit에 대한 그의 인신론人神論적 이념에 대해 보다 심도 있게 근거를 제시하기에는 가장 기본적인 개념적 전제 조건조차 그에게는 없었던 것이다.

이것은 또한 마르크스에게도, 포이어바흐에게서 강한 영향을 받은 도덕과 윤리Sittlichkeit에 대한 그의 견해에도 해당된다. 포이어바흐가 말한 인간의 종교적 자기소외와 유사하게 마르크스가 자본주의의 사회적 조건 하에서 노동으로부터의 인간의 자기소외를 입증하려고 시도할 때, 《경제학 철학 수고*Ökonomisch-philosophische Manuskripte*》(1844)에서 그는 이 소외를 지양하려는 생각으로 포이어바흐의 도덕성Sittlichkeit 개념과 일치하는 인간 상호관계의 이상理想을 떠올린다. 이 도덕성Sittlichkeit이라는 이상으로써 그는 포이어바흐의 경우처럼 기존의 도덕관을 수정하고 동시에 그 속에 숨겨져 있는 참된 내용을 밝혀내고자 한다. 이 일의 성공에 대해서는 의심해 보지 않을 수 없는데, 이 도덕성Sittlichkeit의 이상이 인간의 개성을 "유적類的 생활Gattungsleben"의 크고 작은 개별적 내지 보편적 변형으로 과소평가하고 기독교의 역사적 발전의 결과로서 도덕과 법률의 현대적 개념에 근간이 되는, 자기 자신 속으로의 자의식의 몰입을 무효화해야 하기 때문이다.[259] (마르크스가 주목한 가족과 국가의 해체는 그가 인간을 "유적생활"로 제한한 결과이다.) 그러나 마르크스는 포이어바흐와 마찬가지로 그의 '도덕성Sittlichkeit' 개념의 인류학적 전제를 확립하지 못했거나, 포이어바흐처럼 윤리Sittlichkeit 개념이 기본적이고 도덕적인 규범들(예를 들어 일반적 상황에서 진실을 말하거나 약속을 지키라는 명령)의 보편적 구속력을 전제한다는 사실을 인식했을 뿐이다. 포이어바흐와는 다르게 마르크스는 '윤리Sittlichkeit'라는 표현을 《파리 수고*Pariser Manuskripte*》[《경제학 철학 수고》의 약칭]에서 자신의 휴머니즘적 이상을 설명하기 위해 사용하지 않았고, "도덕과 법률도 예술,

종교, 학문과 마찬가지로 생산의 특별한 방식일 뿐이며 일반적 법칙을 따라야 한다"고 주장하기까지 한다.[260] 물론 이 명제는 완전한 윤리성Sittlichkeit으로서의 공산주의에 이를 수 없고, 마르크스도 이것을 자신이 문제 삼지 않은 기본적이고 도덕적인 규범들로 확장시키려고 하지 않았다. 이는 분명 그 자체로는 보편적으로 구속력을 갖지 않는, 사회 문화적으로 제한된 규범 체계 및 가치 체계라는 의미에서의 '도덕'을 의미한다. 가령 마르크스가 다음과 같이 설명할 때가 그렇다. "국민경제의 도덕은 이익이다. …… 도덕의 국민경제는 선한 양심과 미덕 등의 풍부함이다", 따라서 이 "국민경제적 도덕과 종교"는 경제적 인간의 규범 체계 및 가치 체계에 다름 아닌 것으로 보인다. 그리고 분명한 것은 이 도덕은 "생산의 특별한 방식"일 뿐이며, "생산의 일반 법칙"에 속한다는 것이다. 왜냐하면 생산은 보편적 도덕이 아니며 보편적 도덕과는 오히려 양립할 수 없기 때문이다.[261]

다른 한편 마르크스는 도덕이 휴머니즘Humanismus의 윤리성 Sittlichkeit에 대해 갖는 관계에 대해 언급한다. "충분히 잘 이해된 이해관계가 (프랑스 물질주의의 이론에 따라) 모든 도덕의 원칙이라면, 인간의 사적 이해관계와 인간적 이해관계가 부합하는 것이 중요하다."[262] 그가 사적 이해관계도 인간적 이해관계도 기반으로 하지 않는 윤리학의 가능성을 인정한 것은 아닌지, 그의 사상이 끼친 영향의 역사를 고려하여—알다시피 마르크스의 윤리학은 존재하지 않는다—의심해봐야 할 것이다.

포이어바흐와 마르크스보다 적잖게 극단적인 자신만의 방식으로 또한 쇼펜하우어Schopenhauer도 칸트 이후 반세기 동안 "유럽 학자들의 철학적 신념에 변화가 일어난 이후 윤리학의 오래된 기둥이 썩어버렸다"고 생각했다. 이러한 변화의 원인으로 쇼펜하우어는 "모든 자연과학의 전례 없는 발전"뿐만 아니라, 불교와 산스크리트 문학과의 만남을 통한 유럽의 문화적·역사적 영역의 확대를 들고 있다.[263] 그는 유럽의 도덕관(념)들Moralvorstellungen과 이에 관한 칸트 윤리학의 해석을 모세 십계명의 결과로 돌리는 반면, 인도를 모범으로 하는 그 자신의 윤리학에서는 "연민만이 모든 자유로운 정의와 모든 순수한 인류애의 실질적 토대"라는 것을 보여주고 싶어 했다.[264] 그래서 그는 자신의 목적 달성을 위한 "수단으로 다른 사람의 고통"을 이용하지 않고, 다른 사람과 그의 자산을 보호하는 필요하고도 충분한 동기가 연민이라고 믿었다. "그러한 연민은 여성 개개인의 삶의 행복을 대가로 나의 욕망을 해소하려 하거나 다른 사람의 여성을 유혹하려 하거나 동성애로 유혹하여 어린 소년을 도덕적·육체적으로 타락하게 하려는 나를 저지할 것이다."[265] 쇼펜하우어는 그의 시대의 부르주아적 도덕관을 확인하면서 그의 논증 목적을 이미 달성했다고 생각했다.

쇼펜하우어가 입증해보여야 할 그러한 도덕관들의 피상성과 불안정성 및 이 철학자가 곧 얻게 될 명성으로부터, 그와 동시대인인 막스 슈티르너Max Stirner가 지금까지의 도덕은 이기주의의 원칙에 의거한다는 입장에서 개인들은 도덕적인 동기로 다른 사람의 이기주의의 노예가 되는 대신 자신의 이기주의를 행동의 원칙으로 삼아야 한다고 아주 솔직하게 결론내릴 수 있었던 사실을 이해할 수 있다. 신과 인류, 그리고 진실, 자유, 휴머니즘, 정의에 관한 이념들과 또한 국민, 국왕, 조국이 그들의 중요성을 상실하고 헛된 것으로 입증된 후에는, 자기 자신의 무상無常을 기초로 하는 것만이 중요해질 것이다. "나는 텅 빔의 의미에서의 무가 아니라, 창조자로서 내 자신이 모든 것을 창조하는 무, 창조적인 무인 것이다."²⁶⁶ 슈티르너가 자아는 이제 그 자아의 무로부터 스스로가 자신의 창조자가 되어야 한다는 견해를 가지면서, 그의 인생관은 키르케고르의 윤리적 단계와 (인간이 이러한 자기창조의 주체로 설명된다면) 청년 마르크스의 자연주의적 휴머니즘에 놀라울 정도로 근접하게 된다.

'도덕성Sittlichkeit'을 정의하려는 모든 노력이 자유의 절대적 "입장"을 취하는 데 성공해야만 윤리성Sittlichkeit에 도달한다는 피히테와 헤겔에게서 물려받은 공통의 전제조건에 기초하고 있음을 고려할 때 이것은 그다지 놀라운 일이 아니다. 따라서 보편적으로 구속력 있는 규범들의 총괄 개념으로서의 '도덕'은 칸트가 등장하자마자 시대에 뒤떨어진 것처럼 보였다. 보편적 윤리Sittlichkeit와 사회 문화적 또는 역사적으로 제한된 규범 체계들을 더 이상 구분할 수 없었기 때문에 윤리적 주관주의 내지 상대주의로의 진입은 더 이상 막을 수 없었다. 마르크스는 《독일 이데올로기Deutsche Ideologie》에서 슈티르너에 반대해 신랄하지만 실체가 없는 논쟁으

로써 이것을 간접적으로 증명했다.[267]

4. '시민적이고 기독교적인 윤리Sittlichkeit' 개념 속에서
보편적 윤리학Ethik 이념의 쇠퇴

절대 다수의 저자들은 그 모든 시민적이고 기독교적인 도덕관
Moralverständnis의 자기만족을 향해 쏟아지는 온갖 비판에 아랑곳
하지 않는다는 듯, 사회적·국가적 기관의 기반을 형성하는 규범
들의 의심할 여지가 없는 것으로 추정되는 구속력을 고집했다. 점
점 더 확실하게 감지되는 사회적 변화에 직면하여 기존의 것을 고
수하고 강화하는 것에만 관심을 둔 그들에게는 이러한 규범들의
정당성과 유효 범위에 관한 질문이 위험하거나 혐오스럽게 생각
되었다. 그러므로 그들은 그들의 '윤리Sittlichkeit' 개념이 개념적
정당성을 위해 기독교적 견해들과 상상들을 증거로 내세우고 단
순한 이데올로기가 되어 마침내 규범적 기반을 상실하게 된 경제
적·문화적·정치적으로 선진적인 유럽 국가들의 문명Gesittung 개
념으로 점차 변화했다는 사실을 눈치 채지 못했던 것이 분명하다.
이 같은 변화에 있어서 헤겔의 '인륜성Sittlichkeit' 개념은 한 공동
체가 지탱되고 그 공동체의 기관들에서 표명되는 신념으로서 중
요한 기여를 했다. 그 결과 공동체 안에서의 공존을 가능하게 하
고 후원하는 모든 것을 '인륜적sittlich'인 것으로 칭하고, 그런 공

동체의 삶을 파괴하는 모든 것을 '비인륜적unsittlich'인 것으로 부르게 되었다. 생활방식으로서의 전통적인 습속, 유럽 민족들의 문명 및 그렇게 이해된 공동체적 삶의 '윤리Sittlichkeit'은 여전히 거의 구분되지 않을 때가 많았다. 마침내 이 '윤리Sittlichkeit' 개념이 역사적 상대주의의 결과로 아직은 다만 한 민족의 삶의 표현들의 통일die Einheit der Lebensäußerungen eines Volkes로 이해된 이후, 이 윤리 개념을 비슷하게 모호한 '문화' 개념에 부합되게 하려는 모든 조건들은 충족되었다. 이것은 3월 전기Vormärz*에 시작되고 세기 중반 이후 첫 20년 동안 완성되어온 발전으로서, 앞서 제시된 전통적인 도덕성Sittlichkeit에 대한 비판을 정당화하고 니체의 좀처럼 이해하기 힘든 극단주의의 배경을 형성했다.

왕정복고 국가에서 종교와 인륜Sittlichkeit을 근거로 내세우는 것이 얼마나 문제가 많은 것인지에 대해 이미 1843년 카를 벨커Carl Welcker는 "인륜, 풍속경찰, 종교경찰 및 수업경찰Sittlichkeit, Sitten-, Religions- und Unterrichtspolizei"에 대한 논설에서 초기자유주의의 자연법적 전통에 입각해 분명하게 밝혔다. 그는 종교, 인륜Sittlichkeit, 교육에서 차별화되는 더 높은 삶의 과제가 물질적이고 정치적인 생활기반과 서로 조화롭게 발전을 이룰 때만 국가의 국민들은 건강하고 유능하게 함께 살아갈 수 있다고 생각했다.[268] 그가 여기에서 "인륜Sittlichkeit을 법치국가의 원칙이라고" 부를

---

* [옮긴이] 1848년 3월혁명 이전 시대를 뜻한다.

때, 그는 "활력 있고 자유로운 국가 체제"에 속하는 모든 것을 '인륜적인sittlich' 것으로 보고, "법과 자유를 침해하며 파멸시키고 타락시키는 모든 조처"를 '비인륜적인unsittlich' 것으로 간주한 것이다.[269] '인륜Sittlichkeit'과 '자유'에 대한 벨커의 개념이 합리적 자연법과 칸트의 보편적 윤리 이념의 전통에 뿌리를 두고 있다는 데에는 의심의 여지가 없다. 이것은 그가 교육도 개인과 민족의 고등 문화에 포함시키고, 기독교 또한 "문명화된 인류의 성소"로서 숭배한다는 사실과 일치한다.[270] "문명화된" 민족은 인륜Sittlichkeit과 자유의 이상들을 말하자면 끊임없이 위협 받더라도 영구적으로 소유하게 되었다. 그러므로 그가 "기독교 국가의 대변자들을 기독교와 왕국의 가장 위험하고 …… 유일하게 위험한 적들"이라 표현하고, 그에 반해 "헤겔학파의 고귀한 자유의 전사들"(슈트라우스strauß와 포이어바흐를 칭함)을 옹호하는 것은 논리적으로 타당하다.[271]

벨커가 국가의 인륜적sittlich 토대가 왕정복고 시대의 "풍속경찰, 종교경찰 및 수업경찰"로 인해 위협을 받고 있다고 보는 반면, 프리드리히 율리우스 슈탈Firedrich Julius Stahl은 3월 전기의 국가에게 "인륜Sittlichkeit"의 반환을 청구할 용의가 있었다. 벨커가 기독교적 문명의 척도를 합리적 자연법론의 이념과 윤리학에서 찾는 반면, 슈탈은 인륜Sittlichkeit을 (기독교적) "세계관"에 의존하게 만들어서, "그것을 받아들이기 위해서는 …… 결국 언제나 신앙이 필요하다." 이것은 슈탈에게 전혀 문제가 되지 않아 보인다. 그가 말한 것처럼 "모든 철학적 체계는 결국 언제나 신앙에 지나지 않을 뿐인 기본 가정에" 기반하고 있기 때문이다.[272] 인륜Sittlichkeit, 법률 및 국가의 토대들에 대한 이 같은 비합리화를 고려할 때, 슈탈이 철학, 특히 자신의 철학을 "교회를 위해 봉사"하게 하는 것은 놀라운 일이 아니다.[273] 1848년 슈탈이 "그로티우스, 칸트, 루소의 자연법은 구舊질서를 두 번째로 전복했다"고 주장한 것은 인륜Sittlichkeit, 법률 및 국가의 이론에 대한 이 같은 이데올로기화와 전적으로 일치한다.[274] 구질서를 지지하는 것은 그의 "법철학"의 선언된 목표이다.

이 목표를 달성하기 위해 슈탈이 시도한 방법은 본질적으로 '인륜Sittlichkeit', '법률' 및 '국가' 개념을 기독교적으로 해석하는 것이었다. 진지하게 자신의 '인륜Sittlichkeit' 개념을 특별히 기독교적인 것으로 옹호하기 위해 슈탈은 그의 개념이 형태와 내용에 있어 '인륜Sittlichkeit'의 철학적 개념과는 구별된다는 것을 보여주어야 했다. 그러나 슈탈이 인간은 "신의 세계계획 속에서" 개인일 뿐만 아니라 공동체적 존재이기에 "개인으로서 인간의 원형"은 "신의 신성"을 본보기 삼은 "신성화"에서 완성되고, "인륜적sittlich 세계질서"는 "인류를 위한 신의 계획" 속에 근거한다고 강조한다면, 그는 단지 자신의 이론에 기독교적인 의상을 입히는 것일 뿐이다.[275] 이 종교적 의상은 '인륜Sittlichkeit' 개념에 성스러움의 이미지만을 부여할 뿐, 이 개념에 대한 합리적 논증과 비판을 차단한다. 이 가짜 종교 의상은 실정법이 갖는 구속력의 절대성을 속이기에 충분하다.

슈탈에 의해 실행된 '인륜Sittlichkeit'과 '법률' 개념의 이데올로 기화는 특히 주의를 요하는데, 인륜Sittlichkeit과 법률에 대한 그의 모든 진술 또한 그저 이데올로기를 통해 나온 것으로 보는 잘못된 견해를 갖도록 미혹케 할 수 있기 때문이다. 그러나 그는 합리적 인 근거 제시를 회피하고 심지어 이것을 비난받을 일로 설명하면 서 그에게 정치적으로 시의 적절하게 나타난 임의적인 이론들을 받아들일 수 있는 여지를 만든다. 그의 견해가 유발한 의심은 '인 륜Sittlichkeit'과 '법률'에 관련된 모든 개념에 집중되었다. 카를 마 르크스 같은 사람은 슈탈의 저서에서 자신의 견해가 입증된 것을 볼 수 있었을 것이다. 다른 사람들은 합리적인 윤리학과 자연법론 에 대한 슈탈의 논쟁을 통해 종교적, 신학적 또는 교회적으로 근 거가 불확실한 윤리적 가르침은 비난 받아 마땅하며 위험한 것임 을 주장하라고 격려 받은 느낌이었다. 로베르트 블룸Robert Blum 은 《국가학과 정치학의 대중적 편람Volkstümliches Handbuch der Staatswissenschaften und Politik》에서 "선을 행하는 성향은 유일하게 참 되고 무한한 원천인 종교에서 나와야 한다(!)"고 말했다. 다른 한 편 국가와 사회는 "주어진 법률이 준수될 것"을 정당하게 요구한 다고 했다. 그는 "게르만적-기독교적 국가의 견해"를 갖게 되어 "신적 계시의 정신이 국가 전체에 흐를 수 있게 된다"면 두 요구 사항은 실현된 것으로 보았다. 양심은 "천사로서 처음부터 인간

옆에 있기" 때문에 18세기 말경 "쾨니히스베르크의 철학자*가 정언명령을 발견할 필요는 없었다."[276] 헤르더Herder의 《백과사전 *Conversations-Lexikon*》 제1판에는 "인간의 이성과 비이성의 창조력은 도덕의 영역에서는 이미 그리스 철학자들과 함께 매장되었다"는 주장이 나온다. 그렇지 않아도 "종교적 신앙으로부터 해방된 이성이 빠져든 모순은 철학의 어느 분야에서보다도 도덕과 윤리학에서 가장 뚜렷하게 드러났다." 특히 헤겔에 반대하면서 여기에서는 "대부분의 철학 체계, 가령 범신론적 철학 체계의 지탱 불가능함 내지 비난받아 마땅함"을 주장한다. 이 주장에 대한 근거라면 이 이론들에서 나온 "윤리적sittlich이고 실제적인 삶을 위한" 결과들을 제시하는 것으로 충분하다.[277] 같은 해에 푹스Fuchs는 가톨릭 《교회사전*Kirchen-Lexicon*》에서 신교도 신학자들이 교의학과 윤리학을 분리하려는 것에 맞서며 다음과 같이 설명했다. "기독교 신앙이 사라진다면 새로운 야만이 덮칠 것이다. 우리가 아직 지니고 있는 비교적 고차적高次的인 윤리적sittlich 교양은 믿음이 깊은 지난 시대의 반향이며 그 여파이다."[278]

부제Buse는 《일반 교회-사전》에서 가톨릭 신학자인 세일러Sailer (1818)와 히르셔Hirscher(1835/36), 스태프Stapf(1841)에 의지하여 '처음부터 도덕'을 "신의 제국의 학문"으로 정의하기까지 했다. 이는 도덕이 완벽함을 요구하고자 한다면 "도덕은 기독교, 아니

---

* [옮긴이] 칸트를 뜻한다.

가톨릭교여야 한다"는 점을 규명하기 위해서였다. 이 저자가 종교 개혁과 계몽주의, 칸트주의를 도덕 몰락의 역사적 단계로 파악한 다는 사실은 그의 전제 조건들에서 이해될 수 있다. 그는 아마도 칸트 철학을 고려한 듯, 기독교 도덕에 반대하는 국가들의 격한 발언들을 모두 한 권의 학술서적에 모아 두었다는 명성이 이번에 도 또 다시 독일에 돌아갔음을 확인할 수밖에 없다고 말했다. 그 는 그렇지 않아도 "도덕에 편향된" 칸트 철학이 "기독교적 삶의 빙점에서" 집권했다고 보았다.[279] 이때 도덕의 역사를 평가하는 유일한 기준은 교회에 대한 신의와 친밀감뿐이다. 합리적으로 증 명가능하기 때문에 보편적인 구속력을 갖는 도덕성Sittlichkeit의 이 념은 여기서 뿐만 아니라 여기와 유사한 토론들에서도 이미 논쟁 적으로 또는 적대적으로 거부되었다.

'인륜Sittlichkeit'이 사회적·정치적 위치를 차지하거나 주장하기 위해 요구되는 곳이 아니라 오히려 그 규범적 구속력의 특성을— 처음에는 눈에 띄지 않게—상실하는 곳에서 이 이념의 쇠퇴에 대 해 언급되어야 한다. 사회 기관들에서 표명된 신념으로서 헤겔의 '인륜Sittlichkeit' 개념 속에는 그에 대한 여러 단초들이 이미 들어 있었다. 유효한 규범들의 도덕적 정당화와는 별도로, 어떤 행동이 공동체 삶을 유지하거나 촉구하기에 적합한 바로 그곳 또는 오직 그곳에서만 '인륜Sittlichkeit'이 언급된다면 '인륜Sittlichkeit'은 단순 히 기술적記述的이고 사회 이론적인 개념이 될 것이다. 로렌츠 폰 슈타인Lorenz von Stein이 공공연하게 자신이 생각하는 '인륜적인

sittlich'것의 규범적 함의를 계속 고수한다 할지라도 그의 사회이론은 '인륜Sittlichkeit'개념이 사회화되는 방향으로 나아간다. 그러나 그에게 그 함의는 "보다 더 고차적이고 더 훌륭한 것"으로 간주되는 어떤 "정신적인 것"에 대한 막연한 상상이 되었다. 그리고 이미 헤겔의 정신 개념에서와 유사하게 정신이 객관화되는 공동체 사상이 이 막연한 상상 속으로 들어왔다. 그러므로 헤겔에게서와 마찬가지로 여기에서도 공동체에의 참여는 당연히 "인륜적인sittlich" 것으로 간주된다. 그러므로 로렌츠 폰 슈타인에게 인륜성Sittlichkeit이란 "인간이 내적으로 현재 자신이 처한 것보다 더 고차원적이고 더 훌륭한 것을 위해 결정되어 있음을 느끼는 감정"에 기초하는 것이다. 이 감정으로부터 "정신적 과제들, 즉 인간의 최고의 인륜적sittlich 과제들"이 생기는 것이라고 그는 말한다.[280]

　슈탈이 윤리학을 개인의 덕행들에 관한 이론과 공동체 기관들의 이론으로 나눈 것과 유사하게, 슈타인도 윤리학을 "개인적이고 인륜적인sittlich 세계의 담당자"로서 개인에 관한 이론과 "공동체의 인륜적sittlich 질서에 관한 이론"으로 나눈다. 따라서 그의 서술이 "사회 윤리학"으로 시작하는 것은 우연이 아니다.[281] 그는 개인으로 하여금 자기 자신을 벗어나 공동체로 나가게 하는 세 가지 욕구로부터 공동체의 구체적인 인륜적 질서sittliche Ordnung를 도출해냈다. 첫 번째 욕구는 "외부 폭력에 대한 보호"의 욕구이고, 두 번째는 "자기 재산에 대한 확실한 경계 설정"의 욕구이며, 세 번째는 "신에 대한 숭배로 …… 자신의 가장 내적인 본성을 고양"

시키려는 욕구이다. 홉스 이래로 이성적 자연법에서와 유사하게 공동체에는 힘을 축적하고, 법을 만들고, 신을 섬기기 위해 교리와 예배의 기초를 세우는 과제들이 주어진다. 이 세 가지 기능에 상응하는 활동들은 "군 복무Waffendienst", "재판Gericht" 그리고 "예배Gottesdienst"이다. 개인은 이런 활동을 하지 않고는 공동체로 들어갈 수 없기 때문에 슈타인은 이 세 가지 기능에 "개인 자신의 의지 없이도 개인을 대표할 권리"가 주어져야만 한다고 생각했고, 따라서 "예배, 군 복무 또는 재판을 피하는 것은 개인에게 허용될 수 없는 일이다."[282]

어쨌든 이 논증에 대해, 슈타인이 상호활동을 통한 욕구 충족이라는 인류학적 테제들로부터 그리고 보다 높은 것을 결정하는 일반적인 인간 감정으로부터 적어도 해당 개인의 암묵적 동의를 얻지 못한다면 그에게는 개인의 의무를 도출해낼 권리가 없다고 이의를 제기해볼 수 있다. 그가 여기에서만 그렇게 하지 못한 것이 아니라는 사실은 그가 세 가지 기능 내지 활동에 수장으로서 "장군", "판사", "성직자" 그룹을 귀속시킬 때, 그리고 "더 큰 능력은 통솔하는 수장들의 지위에 대한 더 큰 인륜적sittlich 요구를 정당화한다"고 결론내리기 위해 "실제적인 통솔"이 "통솔하는 수장에게 적어도 바로 이 통솔에 대해서만큼은 더 큰 능력을" 부여한다고 가정할 때 즉각 드러난다. 이 논증에서 그는 "진정한 또는 정당한 통치는 항상 낮은 계급에 대한 보다 높은 계급의 통치"라는 사실에 대해 "인륜적인sittlich 근거"를 찾았다고 믿는다.[283] 기술記述 사회학에서는 보다 더 능력 있는 자가 사회의 존속을 위해 기능적으로 요구되는 활동을 이끄는 것이 합목적적이라는 논제를 정당하게 주장하지만, 보다 능력 있는 자가 "보다 낮은 계급"의 동의를 확인하지 못하는 한 그들이 "인륜적sittlich"으로도 그럴 자격이 있다는 결론은 내릴 수 없다. 슈타인은 지배자가 피지배자에게 복종, 헌신, 사랑, 신의와 존경을 받도록 노력할 뿐만 아니라, "인륜적sittlich 이념의 절대적 요구"를 증거로 내세워 그것을 요구해도 된다고 생각한다. 더욱이 그는 다음과 같이 분명히 밝혔다. "그러므로 모든 통치는" 이 노력이 인륜적sittlich으로도 정당하고 필요한지의 여부에 대해 의심을 표명하는 일 없이, "저 요구들을 종교와 연관 짓고 그것을 신의 명령으로 설명하려 할 것이다."[284] 기술적이고 기능적인 사회학의 판단들은 그에게서 즉시 "인륜적sittlich" 규범이 된다.

슈타인은 세계사를 이중의 반진행反進行으로 설명했다. 즉 하나는 사회 발전을 촉구하는 "낮은 계급"의 노동에 반反하여 사회 체계를 유지하려는 "높은 계급"의 경향이고, 다른 하나는 "개인 소유를 목적으로 이 정신적 질서를 이용"하려는 경향에 반하여 공동체의 유지와 발전을 위한 활동이다. "그것이 신분의 이해관계든 아니면 계급이나 개인의 이해관계든 특별한 이해관계가 정신적 질서에 대해 승리를 쟁취"하는 경향을 슈타인은 "퇴보, 반동反動"이라고 한다.[285] 그는 이 이중의 반진행 속에서 "정신의 삶"을 파악할 수 있다고 믿는다. 그러나 그는 이 모든 힘들이 정신의 활기를 만들어내는 것이라면, "각각의 삶은 이 모든 동인의 완전한 발전을 위해 동시에 노력해야만 한다"고 이해한 것 같았다. 따라서 그에게는 세계사적인 발전이 "최고의 목표"가 되었다. "정신적 삶의 저 모든 요소들이 활동적으로 발전할 때까지 그것을 자기 안에 품고 있을 수 있는 그런 국민이 생기게 된다"면 목표는 달성된 것이다. "모든 개별적 상태를 품고 있는 (그와 같은) 상태"가 그에게는 (헤겔을 본보기 삼아) "인륜적sittlich" 가치판단들 가운데 최고의 기준일 것이다.[286]

이제 분명해진 사실은, 이 기준이 가치판단들을 공식화하는 데 도움이 되어야 할 뿐만 아니라(발전된 사회체제는 발전되지 않은 사회체제보다 어떻든 낫다), 모든 종류의 "인륜적sittlich" 가치판단도 공식화할 수 있어야 한다(발전된 사회체제는 발전되지 않은 사회체제보다 더 공정하다)는 것이다. 왜냐하면 그것은 인간의 더 높은 결정höhere Bestimmung과 자연을 보다 올바르게 평가하기 때문이다. 그러나 이 가치판단 속에는 문명적·문화적 진보라는 이상이 전제되며, 이 이상은 인륜성Sittlichkeit의 이념과 동일시된다. 슈타인에게 이 이념은 더 이상 특별히 도덕적 요소를 갖지 않는다. 이로써 그는 사회적 상황과 사건들에 대한 도덕적 판단의 기회를 갖지 못하게 되었다. 즉 이제는 그때그때의 발전 상태에 부합하는 것이 "공정한" 것이다. 그러나 슈타인은 그의 사회적·문화적 진보의 이상에는 동시에 "인륜적sittlich" 기준도 포함되어 있다고 확신했기 때문에 그는 기능적인 사회 분석의 결과와 도덕적인 평가를 더 이상 구별할 수 없었다. 이 불명료함 속에서도 결국 헤겔의 법철학과 역사철학의 유산은 인식될 수 있을 것이다. 그러나 헤겔이 여전히 이성적 자연법론과 윤리학에 구속되어 있던 반면 슈타인은 이미 결정적으로 기능적인 사회이론과 문화이론에 접근했다. 유사한 전제조건에서 출발한 요한 구스타프 드로이젠Johann Gustav Droysen은 이 방향에서 슈타인보다 더 앞서 나갔다.

드로이젠의 역사 이론에서 한 민족의 모든 문화적 측면들, 생활 범위 및 활동들은 사회적 기관들에 의한 것이든 아니든 상관없이 이미 한 공동체의 표현 형태로 이해되는 한 "인륜적인sittlich" 것으로 간주된다. 때문에 드로이젠에게는 생활 형태들과 가족, 성, 종족, 민족, 활동 분야들을 갖춘 국가 같은 제도들뿐만 아니라 언어, 예술, 종교, 학문과 같이 "민족정신Volksgeist"이 표현되는 해석 체계들 또한 "인륜적sittlich"이다. 따라서 이 '정신'의 개념 안에서 헤겔이 '절대정신'이라고 부른 형태들(예술과 종교, 철학)은 언어적 세계 해석의 근본적인 영역을 확장하여 다시 헤겔 철학의 '객관적 정신'으로 회귀하고, 그래서 이제 그것은 정신의 발전에서 유일하게 역사적인 형식으로 해석된다.[287] 그러므로 헤겔의 '인륜성 Sittlichkeit' 개념은 그의 '객관적 정신'의 개념에서 나온 것이다.

드로이젠의 '인륜성Sittlichkeit' 개념은 모든 도덕적-인륜적 sittlich 함의를 상실했다. 드로이젠이 "노예들의 노동에는 이 인간적인 동기—즉 자신의 힘을 훈련하고 사용하기 위한 목적 개념을 얻어 거기에 봉사하는, 학습 능력을 통해 습득된 능력—가 없기[288]

때문에 비인륜적unsittlich이고 비인간적"이라고 설명한다면, 그는 노예제도가 인간의 존엄성을 해친다고 보는 이성적인 자연법에 근거한 가치판단을 하지 않는 것이 분명하다. 여기에서 그는 노예제도가 아닌 노예의 노동을 "비인륜적unsittlich"인 것으로 간주하는데, 노동은 육체적인 혹사이기 때문이다. "인륜성Sittlichkeit의 척도는 자신의 개성을 포기하고 공동체Gemeinsamkeit에 동화되어 자신을 공동체의 일원으로 느끼고 또 느끼려고만 하는 것"이라고 드로이젠이 강조할 때, 그에게 '공동체Gemeinschaft' 개념은 슈타인에게서보다도 훨씬 더 단호하게 '인륜성Sittlichkeit'이라는 표현을 사용하기 위한 기준이 된다는 사실이 명백해진다. 그러므로 그에게 매우 중요한 "인륜적sittlich" 기관은 가족으로, 가족은 "자신 안에서 결정된 인륜적sittlich 세계이며 헌신과 자기부정, 신뢰의 세계"이기 때문이다. 한 개인으로 하여금 존재해야 하고 되어야 하는 것이 되도록 하는 공동체들Gemeinsamkeiten을 드로이젠은 "인륜적인 힘들sittliche Mächte"이라고 불렀다.[289]

개념사적으로 헤겔학파의 전통에서는 이해하기 쉽지만 칸트를 고려해볼 때는 놀랄 만한 이 언어 사용에 대해 슈타인에게서와 유사하게 인류학적 측면에서 설명해볼 수 있다. 즉 인간은 오직 타인과 함께 생활하고 활동하면서 자신의 능력을 펼칠 수 있다는 것이다. 그런데 이것은 공동의 소통 공간—드로이젠의 "공동체 Gemeinsamkeiten"—이 형성된 경우에만 가능한 것으로, 개인이 자신의 특별한 능력을 개발하길 원하고 개발해야 한다면 먼저 교육과 교양을 통해서 거기에 적응해야만 한다. 근본적으로 모든 교육의 최고 목표는 더 고급한 문명과 정신문화라는 전제하에서 그는 이 목표로 이끄는 모든 것을 "인륜적인sittlich 무엇"으로 간주한다. "이 공동체는 인륜적인sittlich 힘으로서 우리를 지배하며, 우리는 그 힘을 인륜적인sittlich 의무로 인식하면서 우리를 지배하는 그 힘과 우리의 자주적 결정의 화해를 느낀다. 이로부터 우리는 우리가 지닌 가장 고귀한 것과 보다 더 높은 곳으로의 지속적인 전진 가능성을 보장해주는 인륜적sittlich 재산을 인륜적인sittlich 힘 속에서 인식하고 소유하게 되는 성과와 이익을 거둔다."[290] 사회적 진보라는 이상적 개념은 인륜성Sittlichkeit 이념과 결합하여 슈타인에게서 보듯 보편적이고 문화적인 진보의 개념으로 확대되었다.

그러나 드로이젠이 "인륜적sittlich 힘"을 설명하는 이 마지막 부분에서 자유의 이념을 중심에—자유는 "종자처럼 인류의 열매이며 역사의 열매"라는 근거로[291]—두면서 역사를 "자유 의식 속에서의 전진"으로 재구성할 때, 마침내 그는 헤겔도 신세를 진 바 있는 이성적 자연법의 전통에 근거한 역사철학과의 연계를 발견한다.[292] 그가 국가를 자신이 이전에 서술했던 "바로 그 인륜적sittlich 영역들 사이의 일반적 조정자"로 규정하며, 동시에 국가의 힘이란 "모든 인륜적sittlich 영역의 가장 완전한 건강과 자유와 활동 속에서 최고로" 펼쳐진다고 강조할 때, 이 자유개념Freiheitskonzeption은 그에게서 분명하게 자유주의적인 특성liberale Züge을 얻는다.[293] 그의 체계적인 설명을 끝맺는 이 부분에서 분명해진 사실은 우리가 아무리 그의 가치판단들을 개별적으로 의심하거나 비판할지라도 "인륜적sittlich 힘"에 관한 드로이젠의 이론은 슈타인의 사회이론과 나란히, 헤겔을 통해 전달된 근대 자연법이론과 윤리학의 가장 훌륭한 전통에 들게 되었다는 것이다. 그럼에도 불구하고 윤리성Sittlichkeit 이념의 전개에서 역사적 진보에 관한 그의 이론이 이미 상당히 문화적 진보의 이론 쪽으로 이동하고 있다는 사실은 부인할 수 없다. 이 문화이론에서 진보의 이념이 실제 유지될 수 있을지에 대해서는 이미 암시된 것처럼 의심해봐야만 할 것이다. 결국 이 질문에 대한 결정은 19세기 중반 시민 문화에서 달성한 "문명"과 "교육"의 이상을 문화 발전의 절대적 척도로 끌어올리는 데 성공할 수 있을지에 달려 있다. 여기에 대해 드로이젠은 결정적인 발언을 하지는 않았다.

이런 발전을 통해 준비된 역사적 자기이해의 변화를 야콥 부르크하르트Jakob Burckhardt만큼 분명하게 시인하고 입장을 표명한 사람은 아무도 없었다. 이것은 그가 헤겔의 역사철학에서 시작되어야 한다고 생각한 정정 작업뿐만 아니라 그의 《세계사적 고찰 Weltgeschichtliche Betrachtungen》(1868ff.)을 구성하는 기본 개념들에서도 나타난다. 카를 벨커가 자유를 추구하는 현대 국가의 (사회적) 기반으로서 종교, 인륜성Sittlichkeit 및 교육을 들었다면, 부르크하르트에게서는 국가, 종교 및 문화가 세 가지 커다란 역사적 권력으로 등장한다. 그러나 그의 문화 개념 속에는 인륜성Sittlichkeit과 교육이 사회적 권력으로서 서로 합쳐져 국가에 대해서뿐만 아니라 종교에 대해서도 대립하기 시작했다는 사실이 드러난다. 그의 견해에 따르면 사회적이고 역사적인 권력으로서의 문화는 현대 국가와 기독교의 존립을 지켜주는 대신 그들을 깊은 위기로 빠뜨린다. 동시에 부르크하르트는 동시대의 문화와 문명에 대해 매우 걱정스럽게 지켜보는 회의적인 입장을 고수했는데, 특히 그는 그것의 폭발력을 아주 정확히 알고 있었기 때문이다.

벨커와 슈탈, 슈타인, 드로이젠에게서 나타나는 것처럼, 개념 형성과의 연관성 및 거리는 부르크하르트의 다음의 '문화' 정의에서도 드러난다. "자연발생적이며 보편적이거나 강제적인 통용을 요구하지 않는 정신 발전의 총화를 우리는 문화라고 부른다."[294] 칸트에 따르면 "도덕성의 이념은 …… 아직 문화"에 속하고, 예술과 학문을 통한 문화는 보편적인 윤리성Sittlichkeit 형성의 초기 단계이다.[295] 이에 반해 부르크하르트의 정의로부터 나온 결론에 따르면 '문화'는 어떤 윤리적 기반도 인본주의적 기반도 갖고 있지 않으며 인류종교Menschheitsreligion의 보편적 타당성도 필요로 하지 않는다. 따라서 부르크하르트의 문화 개념은 한편으로는 낭만주의의 민족정신 개념으로, 다른 한편으로는 국가와 종교에 대립하는 현대 시민사회의 자기이해와 교육 개념으로 소급된다. 그러나 이 이중적 관점이 여전히 헤겔과 그의 후계자들의 의미에 있어서의 인륜성Sittlichkeit이념에 의해 떠받쳐지고 있다는 사실은, 부르크하르트가 다른 자리에서 '문화'를 "물질적인 삶을 촉진하고, 정신적-인륜적인sittlich 삶의 표현으로서 자발적으로 일어나는 모든 것, 즉 모든 사교, 모든 기술, 예술, 문학과 학문의 총괄 개념"[296]으로 정의하는 데서 드러난다. 본래 역사란 곧 문화의 역사라고 한 데서도 이미 드러나는 부르크하르트의 문화에 대한 높은 평가는 더 이상 (헤겔의 '객관적 정신'의 의미에서) 정신적인 것과 인륜적인sittlich 것의 (보편적인) 타당성 요구에 근거하지 않는다. 그에게 '도덕'은 문화 역사적 고찰 속에서 시대의 제약을 받는 규범 체계의 이미 늘 상대화된 타당성 요구를 위한 순전히 기술적記述的인 개념이 되었다.

비록 부르크하르트가 역사적 권력으로서 도덕과 인륜Sittlichkeit을 거의 믿지는 않았지만, 근본적으로 그는 구속력 있는 도덕과 인륜Sittlichkeit의 이념을 여전히 고수한다. 그의 견해에 따르면 동시대의 문화가 기독교의 토대를 빼앗았기 때문에, 문화 속에서 도덕 또한 종교로부터 분리되어 독립하게 되었다. 이제 도덕은 "기독교와는 독립적인, 오직 내적인 목소리에 근거하는 인륜Sittlichkeit"으로 보인다. 그러나 도덕은 종교를 통해서보다 비교적 좁은 의미에서의 "명예심"과 "고유의 의무감"을 통해 "훨씬 더 큰 효력을" 갖게 된다. 그렇긴 하지만 이것은 인륜적인sittlich 삶에서 별로 신뢰할 수 없는 토대라는 것을 부르크하르트는 잘 알고 있다. "일반적인 홍수를 막는 데 효과적인 최후의 댐으로서 명예심이 얼마나 오래 버틸지는 불확실하다."[297]

부르크하르트의 견해에 따르면 국가 또한 인륜적sittlich 기반 없이도 존재하므로 국가가 정한 법률은 강제력을 동원하여 관철될 수 있을 뿐 정당화될 수는 없다. 왜냐하면 국가는 권력과 폭력을 기반으로 하기 때문이다. 거듭 반복된 그의 유명한 발언에 따르면 이미 권력은 "악 자체이며, 약탈한 것을 차후에 잘 호도했다고 해서 약탈자가 인륜적sittlich 사면을 받는 것은 아니다."[298] 부르크하르트는 권력이 악을 위해서처럼 선을 위해서도 쓰일 수 있는 힘이라는 것을 알지 못했던 것 같고, 어느 정도 안정된 법질서를 확립하는 것만이 권력의 사용을 합법화할 수 있다는 것에 대해 충분히 숙고하지 않았던 것 같다. 그는 또한 "각 개인에게 지속적인 효력을 가지는 일반 도덕법으로부터 국가들의 면제Dispensation"[299]는 적어도 원칙적으로, 개인들을 위해 이미 확립되어 비로소 일반적으로 규범에 맞는 행동을 기대할 수 있는 법질서와 국가적 행동을 통해 맨 먼저 만들어져야 하는 법질서 사이를 합리적 자연법을 근거로 하여 구분함으로써 정당화될 수 있다(국가 권력의 소유자들이 가끔 자기 권력의 범법적인 사용을 합법적인 것으로 사칭한다고 하더라도)는 사실을 인식하지 못했다. 그렇기 때문에 《세계의 역사적 고찰》에서 야콥 부르크하르트가 동시대 문화 속에서 인륜Sittlichkeit과 법률의 보편적 구속력의 이념이 미치는 효과에 대해 거의 주시하지 않은 것은 이상하고도 특기할 만한 일이다. 기본적으로 그는 이미 벨커가 언급했던 복고시대에 시작된 발전들을 모아서 자신의 시대 비판의 전제조건으로 삼았다.

5. 니체의 도덕 파괴

칸트와 피히테가 프로테스탄티즘의 종교적 자기이해에 기초한 도덕 개념을 갖고 있었기 때문에 도덕성을 인간이 도달할 수 있는 최고의 삶의 형태로 설명한 것이라면, 쉴러를 계승한 도덕적 세계관과 인생관에 대한 비판은 도덕과 도덕성을 공격함으로써 기독교적 인간상과 사회적-정치적 권력으로서의 기독교에 영향을 미치려는 시도라고 해석해볼 수 있다. 이때 일반적 의미에서의 도덕은 늘 의심할 바 없이 주어진 것으로서 전제되지만 도덕적 인생관과 뚜렷하거나 특별하게 구별되지는 않는다. 그러므로 이 모든 노력들이, 보편적 구속력을 갖는 도덕의 토대와 영향력에 대한 쉽게 떠오르는 질문에는 거의 관심을 보이지 않고, 도덕성이 완전히 정지될 경우 각각의 구상으로부터 나올 수 있는 결과들에 대해서도 별로 진지하게 고려하지 않는 것은 이해가 된다. 그런데 진지함의 부족이라는 이 비난을 프리드리히 니체Friedrich Nietzsche에게만은 할 수 없다. 오히려 그는 전례 없이 과격하게, 근본적으로 기독교적으로 각인된 도덕성 대신 "인륜성Sittlichkeit"이라는 보다 자유로운 형태를 내세우려고 시도했고, 뿐만 아니라 동시에 보편적 윤리성Sittlichkeit이라는 유럽적 이념과 투쟁하려고 했으며 가능하면 그것을 파괴하려고 했다. 그의 '비도덕주의Immoralismus'는 선행된 발전의 합계를 의식적으로 이끌어내고, 그는 그 속에 드러난 위기의 탈출구로서 자신을 의식한다.

니체의 기원으로서의 쇼펜하우어와 니체의 후기 이론의 중요한 동기들은 니체가 《반시대적 고찰*Unzeitgemäßen Betrachtungen*》(1873~1876)에서 삶을 "만족할 줄 모르고 스스로를 갈망하는 어둡고 표류하는 권력"으로 해석할 때 분명해지는데, 이때 이 "권력에서 나온 말은 결코 인식의 순수한 샘에서 흘러나오는 것이 아니기 때문에 항상 자비롭지 못하고 부당하다." 왜냐하면 니체는 삶이란 부당한 것이라고 확신할 뿐만 아니라, "정의Gerechtigkeit가 직접 판결을 내릴 경우 대부분 그 판결은 취소될 것"이라고 믿기 때문이다.[300] 그러므로 쇼펜하우어와 마찬가지로 니체는 항상 다른 삶에 대항하여 자신을 관철시켜야 하는 삶의 의지를 부당한 것 Ungerechtigkeit으로 이해한다. 그러나 동시에 그는 삶의 의지 자체는 부당하지 않을 수 있다고 보았기에, 쇼펜하우어와는 반대로 성공적인 자기주장을 정당한 것으로 간주한다. 그는 도덕적 규범을 참작할 때야 비로소 타인의 이해관계에 반해도 자기주장이 정당화되는 그 한계가 결정될 수 있다는 것을 이 의지의 형이상학을 기반으로 해서 고려하지는 않는다. 그는 "삶의 유지"를 절대적 가치로 간주하기 때문에, 삶을 유지하는 조건들 또한 절대적으로 정당한 것으로 간주하지 않을 수 없다. 그는 이 삶을 유지하는 조건들에 착각과 미혹, 망상을 포함시키는데, 순수한 인식은 삶에 쓸모없고 행동을 할 수 없게 만들 수 있기 때문이다.[301] 처음에는 17세기와 18세기의 프랑스 도덕주의자들의 방식에 따라 비교적 심리적으로 구상된 니체의 도덕 비판은 유럽 도덕론을 발전사적으로 재구성하려는 시도에 집중되었다. 이 "도덕의 계보학"은 도덕론들의 가장 단순한 형태로, 사회역사적 해석에서 '군주도덕과 노예도덕' 사이를 구별하는 플라톤으로부터 전해오는 궤변학파의 모델을 사용한다.[302] 니체는 그의 말년의 저작들에서 인간적이고 기독교적인 미덕들인 '유럽적인 도덕die europäische Moral'을 "도덕에서의 노예 반란"의 결과로 파악했다. 이 노예 반란을 통해서 유대인은 "가치의 전도라는 저 기적과 같은 작품을 완성했고, 그 덕분에 지상에서의 삶은 몇 천 년 동안 새롭고 위험한 자극이었다." 이 군주 도덕의 가치 순위의 재평가에서 "부유한", "타락한", "악한", "폭력적인", "감각적인" 것이 하나로 녹아들었다.[303] 권력에의 의지로부터 나온 이 도덕의 생성은, 권력에 대한 의지가 더 이상 타인 쪽으로 외부를 향하는 것이 아니라 내부를 향하며 동시에 헌신과 자기부정, 자기희생의 이상과 함께 "양심의 가책"을 일으키면서[304] "인간의 내면화"를 초래하는 피압박자들의 "르상티망"으로부터 이해되어야 한다.[305] 이렇게 발생한 죄책감이 신에 대한 죄악으로 해석되고[306] 속죄할 수 없는 지경에까지 이르게 된 후에, 마침내 신 스스로가 인간의 죄를 위해 희생했다는 생각으로 인간이 마음의 안정을 찾게 되는 저 "기독교적 신의 한 수Geniestreich des Christentums"가 나온다.[307] 그러나 이제 2000년이 지나 "늙은 신이 죽고" 나자 니체는 "새로운 아침놀을 받는" 것 같은 느낌이다. …… "마침내 우리 앞에 지평선이 다시 열리고, …… 모든 대담한 행위가 …… 다시 허용된다."[308] 그는 인류의 "도덕적 시기"

의 종말과 "도덕의 극복"과 더불어 인류의 "도덕을 벗어난 außermoralisch" 시기가 시작되었다고 믿는다.[309]

이 새로운 시대의 복음서로서 창조적 인간의 자유를 선포한《차라투스트라는 이렇게 말했다*Also sprach Zarathustra*》(1883)가 발표되었다. "오늘날 너희 고독한 자들, 너희 탈퇴한 자들, 너희들은 언젠가 한 민족이 되어야 한다. 너희들 자신이 선택한 너희들로부터 하나의 선택된 민족이 탄생해야 한다—그리고 그 민족으로부터 초인이 출현해야 한다."[310] 대단한 표현력으로 무아지경의 행복을 느끼는 생 감정을 서술했음에도 불구하고 그것은 동일한 것의 "영원한 회귀"에 대한 생각과 "권력에의 의지의 영원한 자기 창조 및 영원한 자기 파괴"로 의기양양해져서 무한한 현세 긍정과 존재 미화의 분위기로부터 벗어나지 못하고 있다.[311] 그러므로 그것은 그가 모든 사고와 행동을 포기했기에 실제로 도덕적 구별을 포기할 수 있는 심미주의적인 신비주의이다.

전망

CHAPTER IV

Ausblick
IV. 전망

●●● 　앞 장에서 서술했던 발전, 특히 19세기의 마지막 10년 동안에 시작된 니체 효과는 프로이트Freud의 신경증 이론과 문화비판, 막스 베버Max Weber의 사회이론 및 카를 슈미트Carl Schmitt의 정치적인 것의 개념이 불러일으킨 깊은 인상을 통해 증폭되어 도덕적인 문제들에서의 방향 상실을 야기했고, 이는 20세기 전반기 빠르게 변화하는 사회적 상황에 직면하여 처음에는 해방감을 주기도 했다. "배불리 먹는 것이 먼저이고 도덕은 그 다음이다."(브레히트Brecht)[312] '도덕'과 '윤리Sittlichkeit'는 무엇보다 특히 성 억압Sexualverhalten의 전승적 형태를 여전히 연상시켰다. 20세기 가장 영향력이 큰 독일의 두 철학자는 결코 윤리적인 반향을 남기지 않았다. 비트겐슈타인Wittgenstein은 그의 저서 《논리철학논고Tractatus logico-philosophicus》(1921)에서 다음과 같이 설명했다. "모든 문장은 동일한 가치를 갖는다. …… 그러므로 윤리학의 문장들이란 있을 수 없다."[313] 키르케고르에게서 강한 영향을 받은

하이데거Heidegger의 인간존재의 《실존 분석》(1927)은 도덕적 문제에 관한 논의 없이 완성되었다.[314] 1947년까지도 그는 "사유에 맡겨진 것에 윤리학이 여전히 적합하고 근접하게 머물러있는지"에 대해 의구심을 가진다.[315] 그러는 동안 사람들은 도덕적으로 중요한 시대적 문제를 공개적으로 논할 때 신학에서 답을 찾는 데 익숙해졌다. 2차 세계대전 이후 20년 동안 비로소 철학은 다시 도덕적 문제를 다루기 시작한다. 이때 세기 전반기 앵글로색슨계 국가들에서 전개된 언어 분석적인 '메타 윤리학'의 기본 생각들과의 논쟁과 칸트에 대한 회고가 특별히 도움이 되었던 것으로 드러난다.[316] 이 노력들은 기존의 모든 윤리학적 성찰이 노력해왔지만 성공하지 못한 '윤리(성)Sittlichkeit' 개념을 명확하게 규정하게 되리라는 근거 있는 희망을 갖게 한다.

카를-하인츠 일팅Karl-Heinz Ilting

카를-하인츠 일팅 Karl-Heinz Ilting(1925~1984)
독일의 철학자이자 대학 교수. 1946년부터 본Bonn대학에서 철학과 고전어문학 전공. 1949년 본대학에서 현상학적 인류학의 문제로 박사학위 취득. 1950년부터 본의 중등학교 교사 역임. 1962년 킬Kiel대학에서 플라톤 연구로 대학교수 자격 취득. 1966년부터 자르란트Saarland대학의 철학교수로 재직. 게오르크 프리트리히 헤겔Georg Friedrich Hegel 연구자로, 특히 그의 법철학과 자연법의 연구자로 유명해졌다. 〈자연법과 도덕Naturrecht und Sittllichkeit〉을 비롯하여 키케로Cicero의 《의무에 대하여De officiis》 논평, 헤겔 관련 논문들, 〈실천 철학의 근본적인 문제들Grundfragen der praktischen Philosophie〉, 〈예술. 자연법 Art. Naturrecht〉 등 다수의 논문과 저서가 있고, 유고는 자르브뤼켄대학 기록 보관소에 남아 있다.

●●● 《코젤렉의 개념사 사전》 5권 〈평화〉를 번역했던
인연으로 벌써 3년 전에 한림과학원 측으로부터 'Bund'와 'Sitte'
개념 번역을 의뢰받았다. 사실 둘 다 관심이 컸던 개념이기는 하
지만, 둘 다 하기에는 버거워서 그 중 'Sitte' 하나만 하겠다고 했
다. 독문학을 공부하면서, 특히 하인리히 하이네Heinrich Heine 작
품들로 박사논문을 쓰면서 'sittlich'와 'Sittlichkeit'를 우리말로 어
떻게 옮겨야 할지 늘 숙제였기 때문이다. 보통 이 단어가 문학 작
품 속에서 일상어로 쓰일 때는 도덕이나 윤리로 해석하면 무난하
기는 한데, 도덕 하면 'Moral'이고 윤리 하면 'Ethik'이 아니던가!
　번역을 처음 시작할 때에는 'sittlich', 'Sittlichkeit'에 대한 우리말
을 찾아내겠다는 열정을 가지고 윤리와 도덕이 아닌 새로운 대역
어들을 시도했다. 처음에는 '도의적', '도의'로 옮겨보았다. 부분
적으로 맞는 곳도 있었지만 전체적으로는 맞지 않을 뿐더러 어색
했다. 그래서 다시 '인륜'으로 고쳐보았다. 그러나 '인륜'이라는

말은 유교적으로 익숙한 개념이긴 하지만 일상에서 흔하게 쓰는 말은 아니다. 이 말에 대한 영어 대역어를 찾아보니, 영어에도 따로 대역어 없이 'morality'로 옮기고 있는 것 같았다. 그래서 '도의'와 '인륜', '윤리', '도덕'이라는 말을 혼용했는데, 심사 결과 용어를 통일시키라는 지적을 받았다. 그래서 철학을 전공하는 분들께 자문을 구했는데, 어떤 분은 '도덕'으로, 또 어떤 분은 '윤리'로 번역하는 등 의견이 달랐다. 이 개념이 국내 철학계에서 여전히 논란의 대상이라는 사실을 실감한 순간들이었다. 그러나 엄밀히 말해 '도덕'과 '윤리'는 다르고, 헤겔에게서는 'Sittlichkeit'가 '인륜성'으로 번역된다면, '인륜'과 유사어인 '윤리'(인륜과 도리)가 더 적절하다 싶어 다시 'sittlich'를 '윤리적'으로 옮기기 시작했다. 그리고 국내 헤겔 연구자들이 '인륜성'으로 번역하고 있다는 사실을 존중해 헤겔부터는 그 대역어를 사용했다. 그런데 그것이 '윤리'이든, '인륜'이든, '도덕'이든 텍스트 전체에 일관되게 적용하기는 어려웠다. 그래서 궁여지책으로 번역어 없이 독일어를 우리말로 음역해 지틀리히, 지틀리히카이트로 쓰려고까지 했지만 출판사의 반대로 불발되었다. 그런데 전공자들 사이에서도 논란이 일 정도라면 문맥에 따라 다르게 번역해도 되겠다는 생각이 들었고, 텍스트를 거듭 들여다보아도 번역어의 통일은 어려웠기에 최종적으로 그렇게 옮기게 되었다.

이처럼 'Sittlichkeit'를 하나의 단어로 옮기기 어려운 것은 독일에서도 이 개념이 여러 의미로 사용되고 있다는 말이리라. 우리도 일상에서 윤리와 도덕을 별 생각 없이 같은 뜻으로 사용하고 있듯이 말이다. 즉 윤리, 인륜, 도덕의 개념은 독일에서 근대에 이르기까지 명료하게 구분해서 사용된 것이 아니라 혼용되었던 것으로 보인다. 이 책의 저자 일팅은 'Sittlichkeit' 개념의 어원부터 시작해서 시대마다 학자마다 어떻게 'Sittlichkeit'를 규명하고 그 원칙을 찾아내려 했는지를 서술하고 있다. 근대 이후부터는 학자들마다 이 개념을 특별한 방식으로 구분하여 사용하는 경우가 적지 않은데, 대표적인 예가 바로 헤겔이다. 칸트의 윤리학을 극복하려고 했던 헤겔이 'Sittlichkeit' 개념에서 공동체성을 중시하면서 이 개념을 독특하게 사용하고 있기 때문이다. 이것이 국내에서도 헤겔의 'Sittlichkeit'가 '인륜성'으로 달리 번역되고 있는 이유일 것이다. 요컨대 'Sittlichkeit' 개념은 시대의 역사적, 사회적, 문화적 상황을 충분히 고려한 맥락 속에서 파악될 필요가 있는 것이다.

이 책 표지에는 세 단어가 제목으로 등장한다. 첫 줄에는 'Sitte', 이어 줄을 바꿔 'Sittlichkeit', 'Moral'로 구성되어 있다. 그런데 책의 내용은 'Sittlichkeit' 개념의 변천사이고, 정작 'Sitte'에 대해서는 한두 쪽 정도 나올 뿐이다. 그래서 'Sitte습속'을 빼고, '윤리, 인륜, 도덕'으로 하든지 아니면 '윤리' 한 단어만을 제목으로 쓰려고 했다. 그러나 저자 일팅이 제목을 이렇게 단 이유는 분명히 있었다. 책의 주제가 'Sittlichkeit' 개념의 변천사이긴 하지만, 'Sittlichkeit'와 'Moral'은 모두 'Sitte'를 근간으로 하는 개념으로서 '습속Sitte'과의 관련성을 갖고 있다. 그리고 'Sittlichkeit'는 'Moral'의 이론적 근거에 대한 물음이다. 그래서 다시 원제 그대로 '습속, 윤리, 도덕'으로 옮기게 되었다.

'Sittlicheit'를 '도의', '윤리(성)', '도덕(성)' 또는 '인륜(성)'으로 문맥에 따라 다르게 번역하는 과정에서 역자로서는 자신할 수 없는 부분이 더 많았기에, 그리고 독자의 이해를 돕기 위해, 또 이 개념어에 대한 또 다른 대역어를 찾아낼지도 모를 독자를 위해 독일어를 일일이 병기했다. 하여 미흡하기만 한 이 원고를 세상에 내놓는 지금, 선생님께 시험답안지를 제출하는 어린 학생의 심정이다. 독자 여러분의 열독과 관심, 많은 질정을 기다린다.

비전공자로서 쉽지 않은 작업을 하면서 또 다시 애꿎은 하이네를 원망했다. 박사논문을 쓸 때도 연애시인인 줄 알고 시작한 하이네가 알고 보니 정치시인이어서 고생했는데, 이번에도 또 시험에 들게 했다고……. 하지만 이 지난한 번역 과정은 교만의 어리석음을 한 움큼 내려놓고 겸손으로 그 자리를 채울 수 있는 소중한 시간이기도 했다.

끝으로 이 책의 그리스어와 라틴어를 번역해주신 김진성 교수님, 독일어 고어古語 번역 등을 도와주신 안삼환 교수님, 그리고 철학 전공자로서 조언해주신 임성훈 교수님께 깊은 감사를 드린다. 또한 시간에 쫓겨 제출한 초벌 번역 원고를 읽으시느라 수고하신 심사위원분들과 몇몇 분들께도 고마움을 전한다. 끝으로 오래 기다려주신 한림과학원 선생님들과 도서출판 푸른역사 선생님들께 존경과 감사의 인사를 드리며, 《코젤렉의 개념사 사전》의 기

획 의도에 부응해 한국의 개념사 연구에 큰 관심과 발전이 있기를
바란다.

한상희

주석과 참고문헌에 사용된 독어 약어 설명

abgedr. (abgedruckt) = 인쇄된, 활자화된

Anm. (Anmerkung) = 주註

Art. (Artikel) = (사전 따위의) 항목, (법률의) 조條

Aufl. (Auflage) = (책의) 판(초판, 재판 등의)

Ausg. (Ausgabe) = (책의) 판(함부르크판, 프랑크푸르트판 등의)

Bd. (Band) = (책의) 권

Bde. (Bäde) = (책의) 권들

ders. (derselbe) = 같은 사람[저자](남자)

dies. (dieselbe) = 같은 사람[저자](여자)

Diss. (Dissertation) = 박사학위 논문

ebd. (ebenda) = 같은 곳, 같은 책

f. (folgende) = (표시된 쪽수의) 바로 다음 쪽

ff. (folgenden) = (표시된 쪽수의) 바로 다음 쪽들

hg. v. ……(herausgegeben von……) = ……에 의해 편찬된(간행자, 편자 표시)

Mschr. (Maschinenschrift) = (정식 출판본이 아닌) 타자본

Ndr. (Neudruck) = 신판新版, 재인쇄

o. (oben) = 위에서, 위의

o. J. (ohne Jahresangabe) = 연도 표시 없음

s. (siehe!) = 보라!, 참조!

s. v. (sub voce) = ……라는 표제하에

u. (unten) = 아래에서, 아래의

v. (von) = ……의, ……에 의하여

vgl. (vergleiche!) = 비교하라!, 참조!

z. B. (zum Beispiel) = 예컨대, 예를 들자면

zit. (zitiert) = (……에 따라) 재인용되었음

주석

1 Kant, *Grundlegung zur Metaphysik der Sitten*(1785), AA Bd.4 (1903; Ndr. 1968), bes. 400ff. 비교.

2 *Lateinisches etymologisches Wörterbuch*, hg. v. Alois Walde, 3. Aufl., hg.v. JOHANN BAPTIST HOFMANN, Bd. 2 (Heidelberg 1954), 624f., s. v. suesco.

3 초기 그리스의 언어 사용에 관해 OTTO THIMME, Φύσις, Τρόπος, Ἦθος(phil. Diss. Göttingen 1935) 참조.

4 호머HOMER에게 ἦθος는 예컨대 돼지우리(오디세우스14, 411)를 그리고 νόμος는 한 떼의 말(일리아스 Ilias 6,511)을 두고 한 말일 수 있다.

5 TGL t.4 (1841), 116ff., s. v. Ἦθος, u. ebd., t. 5(1842/46), 1551ff., g. v. Νόμος.

6 Benecke/Müller/Zarncke Bd. 2/2 (1866; Ndr. 1963), 322ff., s. v. site; Grimm Bd. 10/1 (1905), 1238ff., s. v. Sitte 비교.

7 Gerhard von Minden, Fabeln 13,1 (um 1270), zit. Grimm Bd. 10/1, 1238ff., s. v. Sitte.

8 Sebastian Brant, *Das Narrenschiff* 9, 25f. (1494), hg. v. Friedrich Zarncke (Leipzig 1854), 12.

9 'Mos'는 어원적으로 그리스어 μῶσθαι("애쓰다streben")와 αὐτό-ματος("자발적인selbsttätig")와 관계가 있다. *Ausführliches Lateinisch-Deutsches Handwörterbuch*, 8. Aufl., hg. v. Heinrich Georges, Bd. 2 (1913; Ndr. Basel, Stuttgart 1969), 1017ff., s. v. mos, u. mit dt. 'Mut'/'Gemüt', Hofmann/Walder, Lateinisches etymologisches Wörterbuch, 3. Aufl., Bd. 2, 114f., s. v.

mos. 비교.

10 Plautus, *Bacchides* 459.

11 Vergil, Aeneis 6, 851ff.

12 Hans Rech, *Mos maiorum*(phil. Diss. Marburg 1936) 비교.

13 Cicero, De oratore 2, 121, 8: "그는 이것을 처음으로 우리들 사이에서 관습
으로 도입했다qui hoc primum in nostros mores induxit"; 그 이외의 전거로
서 Georges, Lateinisch−Deutsches Handwörterbuch, 8. Aufl., Bd. 2, 1017ff., s.
v. mos.

14 Cicero, De fato 1, '윤리학Ethik'에 대한 번역으로서 "도덕 철학philosophia
moralis"을 사용. "그리스어로 에토스(성격)이라 불리는 그것은 모레스(mos
의 복수형으로서 품행, 행실)에 관련되기 때문이다. 우리는 철학의 이 부분을
'성격에 관한de moribus' 연구라고 부르는데, 라틴어 어휘를 확장하여 '도
덕적moralem'이라 불러야 마땅하다Quia pertinet ad mores, quod ἦθος illi
vokant, nos eam partem philosophiae 'de moribus' appellare solemus, sed decet
augentem linguam latinam nominare 'moralem'."

15 Heraklit, Fragm. 44, Die Fragmente der Vorsokratiker, 12. Aufl., hg. v.
Hermann Diels u. Walter Kranz, Bd.1 (Dublin, Zürich 1966), 160.

16 Platon, Phaidon 68e 5; TGL t.3 (1835), 2256f., s. v. Εὐήθης 비교.

17 Joachim Ritter, Art. Ethik, Hist. Wb. d. Philos., Bd.2 (1972), 759ff.

18 Platon, Apologie 28b.

19 Ebd. 30b.

20 Ders., Gorgias 469c.

21 Ders., Apologie 21a.

22 Ders., Protagoras 356e. 초기 대화록 "라케스Laches", "카르미데스
Charmides", "프로타고라스Protagoras" 그리고 "에우티프론Euthyphron", 이
대화록들은 각각 "덕"(용기, 신중, 정의, 경건)의 본질을 다루고 있다.

23 Ders., Charmides 158e.

24 Ders., Menon 97b.

25 Ebd. 97e ff.

26 Ders., Phaidon 82a f.

27 Ders., Pol. 400e; 429c 7f; 490c 5.

28 Ebd. 500d.

29 Ebd. 443c ff.

30 Chrysipp, 덕에 관하여De virtute, Fragm. 288, 옛 스토아 철학자들의 단편 Stoicorum veterum fragmenta, hg. v. Johannes v. Arnim, Bd. 3 (Leipzig 1903; Ndr. Stuttgart 1968), 70.

31 다음 두 권의 전문용어 연구들도 이 방향을 가리키고 있다. Wilhelm Jacob Verdenitus, The meaning of ἦθος and ἠθικός in Aristotle's Poetics, Mnemosyne, ser. 3, vol. 12 (1945), 241ff., u. Eckart Schütrumpf, Die Bedeutung des Wortes ēthos in der Poetik des Aristoteles, Zetemata 49 (1970), bes. 22ff.

32 Aristoteles, Eud. Eth. 12201 4; ders., Nik. Eth. 1103a 5.

33 Ders., Eud.Eth.1219b 27ff.; ders., Nik. Eth. 1102b 13ff.

34 Ders., Eud. Eth. 1220b 35ff.; ders., Nik. Eth. 1107b ff.

35 Ders., Eud. Eth. 1220b 33f.; ders., Nik. Eth. 1104a 11ff.

36 Ders., Nik. Eth. 1117b 7ff.

37 Ebd. 1117b 2ff.

38 Horaz, Oden3, 2, 13.

39 Aristoteles, Eud. Eth. 1218b 37ff.

40 이미 Platon, Pol. 353c 1은 눈과 귀, 영혼의 '고유한 덕eigentümliche Tugend' (οἰκεία ἀρετή)을 언급하고, Aristorsles, Eud. Eth. 1219a 2ff. 또한 외투와 배, 집의 '덕'에 관해서 말하고 있다.

41 Aristoteles, *Nik. Eth.* 1098a 16ff.

42 Ebd. 1101a 14ff.

43 두 저술에서 아리스토텔레스는 자신의 설명을 어디에서도 '윤리적인 연구들ethische Untersuchungen'(ἠϑικά)이라고 하지 않았고, '정치적인 학문 politische Wissenschaft'(πολιτικά)이라고 칭했다. Eud. Eth. 1216b 37. 이와는 반대로 "정치학Politik"으로서 전해져오는 그의 저술에서 그는 그의 ἠϑικά에서의 정의와 행복에 대한 설명들을 참조하도록 지시하고 있다. Pol. 1261a 31;1295a 36.

44 Ders., *Eud. Eth.* 1222b 15ff. u. ders., *Nik. Eth.* 1109b 30ff.

45 Kaarlo Jaakko Juhani Hintikka, "Remearks on Praxis, Poiesis and Ergon in Plato and Aristotle", Annales Universitatis Turkuensis, ser. B, t. 126(1973); John Lloyd Ackrill, "Aristotle on Eudaimonia", Proceedings of the British Academy 60(1974) 참조.

46 Cicero, De finibus bonorum et malorum 2, 45; vgl. Zitat Anm. 14; zur Übersetzung griechischer Termini ins Lateinische Georg Kilb, Ethische Grundbegriffe der alten Stoa und ihre Übertragung durch Cicero (phil. Diss. Freiburg 1939).

47 Chrysipp, De fine bonorum, Fragm. 30, Arnim, Fragmenta (s. Anm.30), Bd.3, 9.

48 Zenon, De binis et malis, Fragm. 190, ebd., Bd.1 (1905; Ndr. 1968), 47.

49 Ders., De fine bonorum, Fragm. 185, ebd., Bd.3, 25.

50 Chrysipp, De fine bonorum, Frag. 29, ebd., Bd.3, 25.

51 Damianos Tsekourakis, Studies in the Terminology of Early Stoic Ethics, Hermes, Einzelschr. 32 (1972). 비교.

52 Chrysipp, De actionibus, Frag. 512, Arnim, Fragmenta, Bd.3, 138.

53 Ders., Frag. 513, ebd.

[54] Ders., Frag. 504 u. Frag. 505, ebd., 137.

[55] Cicero, De off. 3, 7. 비교.

[56] Ebd. 2, 9.

[57] Ebd. 1, 9; vgl. ebd. 2,1.

[58] Ebd. 2, 20.

[59] Ebd. 2, 21.

[60] Ebd. 1, 14.

[61] Ebd. 3,18 비교. "도덕적으로 좋은 것보다 유용한 것으로 보이는 것을 높이 평가하는 일뿐만 아니라, 이 둘을 비교하며 주저하는 일은 가장 추악하다Non modo pluris putare, quod utile videatur, quam quod honestum sit, sed etiam haec inter se comparare et in his addubitare turpissimum est."

[62] Ebd. 3, 23. 키케로의 서술에서 자연 조건에 순응하는 삶의 개념은 대체로 규범적으로 계획된 질서로서 분명하게 나타난다. "자연 법칙 자체는 신의 법일 뿐만 아니라 인간의 법이기도 하다Ipsa naturae ratio, quae est lex divina et humana"

[63] Ebd. 3, 19 비교. "왜냐하면 일반적으로 도덕적으로 나쁘다고 본 것도 세월이 흐르면 나쁘지 않은 것으로 드러나는 일이 종종 발생하기 때문이다Saepe enim tempore fit, ut, quod turpe plerumque haberi soleat, inveniatur non esse turpe."

[64] Ebd. 3, 32; 3, 19 비교.

[65] Ebd. 1, 94ff.

[66] Matth. 15, 18ff.; Mark.7, 19ff.

[67] Matth. 5, 21f. 27f.

[68] Ebd. 6, 1ff.

[69] Albrecht Dihle, Die Goldene Regel. Eine Einführung in die Geschichte der antiken und frühchristlichen Vulgärethik (Göttingen 1962).

[70] Matth. 7, 12; vgl. Luk.6, 31.

[71] Anders Rudolf Bultmann, Geschichte der synoptischen Tradition, 9. Aufl. (Göttingen 1979), 107f.; Dihle, Goldene Regel, 10.

[72] Lev. 19,18; vgl. Matth. 22, 37ff.; Mark.12, 29ff.; Luk. 10, 27ff.

[73] Matth. 5, 43f.; Luk.6, 27ff.

[74] Matth. 5, 46f.; Luk. 6, 32ff.

[75] Luk. 17, 10.

[76] Matth. 5, 46f.; Luk. 6, 32.

[77] 비슷하게 카를 바르트Karl Barth는 고대의 에로스와 기독교의 아가페 간의 차이를 설명하려고 시도했다. "기독교의 사랑은 타인 자신을 위해 타인을 향한다. 그 사랑은 자신을 위해 그것을 열망하는 것이 아니다. …… 게다가 사랑하는 사람은 다른 사람의 처분에 자신을 넘겨주었다." in: Karl Barth, Kirchliche Dogmatik, 2. Aufl., Bd. 4/2 (Zollokon 1964), 832.

[78] 1. Kor. 1, 17ff.

[79] Ebd. 1, 13.

[80] Gal. 2, 16.

[81] Ebd. 2, 21.

[82] Ex. 19, 5.

[83] Matth. 26, 28; Mark. 14, 24; Luk. 22, 20; Eph. 3, 6; Hebr. 8, 6; 9, 15.

[84] Röm. 5, 12ff.; 3, 24.

[85] Ebd. 3, 28.

[86] Ebd. 4, 16; 9, 16.

[87] Ebd. 9, 18.

[88] Ebd. 1, 17.

[89] Ebd. 9, 19ff.

[90] Phil. 4, 7.

⁹¹ Pelagius, De possibilitate non peccandi2, 2. Migne, Patr. Lat., Suppl. t. 1(1958), 1459: "어떤 불가능한 것을 예견하는 일은, 인간들에게도 어울릴진대, 신에게는 말할 것도 없다. 또는 만일 인간의 조건이 가능성에 반하여 누군가에게 어떤 일을 지시하는 것을 불공평하다고 생각한다면, 그런 것을 신과 관련하여 주장하는 것은 정말 도착일 것이다. 인간의 본성은 이 점을 결코 의심할 수 없을 것이다Conveniat sane Deo aliquid impossibile praecepisse, si vel homini convenit; aut, si etiam humana conditio iniquum putat contra possibilitatem cuiquam aliquid imperare, quae perversitas est, haec vel sentiri de Deo, quod nec mortalium quidem natura suscipiat."

⁹² Ders., In epistolam ad Romanos9, 19(p.1154); vgl. ders., De possibilitate3, 1(p. 1460): "그래서 인간이란 죄짓지 않을 수 없다는 이유로 위법에 대한 안도가 주어지게 된다Ita fit, ut sub impossibilitate non peccandi/ detur delinquendi securitas."

⁹³ Ders., De possicilitate3,1(p. 1459).

⁹⁴ Ders., In epistolam ad Romanos9, 19(p. 1154); vgl. Augustinus, De libero arbitrio1, 4, 10. Ebd., t. 32(1841), 1227.

⁹⁵ Ebd. 1, 6 (p. 1228f.) "일시적인 법lex temporalis"와 "영원한 법lex aeterna"은 구분된다. 인간이 후자의 의미에서 도덕적인 삶으로, "올바르게 그리고 도덕적으로 살기recte honesteque vivere"로 결정하는 것은 자유이다, ebd. 1, 13, 29 (p. 1237). 그러나 이 의지의 자유는 도덕적으로 비난받게 행동할 수 있는 능력 또한 포함한다, ebd. 1, 16, 35 (p. 1240).

⁹⁶ "황금률"의 금지와 명령의 형태 간의 구분에 토대를 둔 합리적인 윤리학에 대한 초안이 펠라기우스에게서 발견된다, De possibilitate 5 (p. 1462ff.)

⁹⁷ Ebd. 9(p.1153ff.) u. ders., De induratione cordis Pharaonis 34ff. Ebd., 1524ff.

⁹⁸ Bernhard con Clairvaux, Brief an Cardinal Guido, Nr. 192. Migne, Patr. Lat., t. 182(1879), 358f.: "사람들은 삼위일체에 관한 논의는 아리우스를, 은총에

관한 논의는 펠라기우스를, 예수의 인품에 관한 논의는 네스토리우스를 생각한다(Cum de Trinitate loquitur, sapit Arium; cum de gratia, sapit Pelagium, cum de persona Christi, sapit Nestorium."

99 Ders., Tractatus de gratia et libero arbitrio2, 4(1128), ebd., 1004.

100 Abaelard, Ethica seu liber dictus scito te ipsum 1. Ebd., t. 178(1885), 635ff.

101 Thomas von Aquin, De veritate 27, 6, 1. Quaestiones disputatae, éd. Pierre Mandonnet, t. 1(Paris 1925), 715: "은총이 자연적 존재의 원인은 아닐지라도 영적인 존재를 보태는 만큼 은총은 자연적 존재를 완성시킨다(Quamvis gratia non sit principium esse naturalis, perficit tamen esse naturale, in quantum addit spirituale."

102 Vgl. Étienne Gilson, Le Thomisme. Introduction àla philosophie de Saint Thomas d'Aquin, 6 éd. (Paris 1965), 121ff.

103 Johannes Duns Scotus, Quaestiones in quattuor libris sententiarum (opus oxoniense)3, 37, 1, schol. n. 5. Opera omnia, ed. Lucas Wadding, t. 15(Lyon 1639; Ndr. Paris 1894), 825.

104 Ebd. 2, 7, 18. Ebd., t. 12(1639; Ndr. 1893), 394: "신의 질서 잡힌 권능이란 모순을 포함하지 않는 모든 것의 관점에서 절대적인 것이다. ······ 신의 인식, 아니 신의 의지에 의해 예정된 규칙을 수행할 때 적합한 신의 권능은 질서 잡힌 것이다(Absoluta (potentia Dei) est respectu cuiusliebet, quid non includit contradictionem, ······ Potentia ordinata Dei ······ est illa quae conformis est in agendo regulis praedeterminatis a divina scientia, vel magis a divina voluntate."

105 Luther, Die Vorlesung über den Römerbrief (1515/16), WA Bd. 56(1938), 171f.

106 Ebd., 172: "신의 정의 ······ 그것에 의해 우리는 신 자신으로부터 [우리가] 행한 일에서 생기는 인간 정의의 구별에 이르기까지 정당화된다(Iustitia Dei ······, qua nos ex ipso iustificamur ······ ad differentiam iustitiae hominum, quae ex operibus fit."

[107] Ebd., 233.

[108] Ebd., 235. 205. Vgl. zu Röm. 2, 21f.: ebd., 308.

[109] Ebd., 235: "외적 정의는 그리 충분한 것으로 여기면서도 내적 정의를 가르치는 사람들에게 저항하는 사람은 특히 최악이다Pessimus omnium ille est, quando talem exteriorem iustitiam ponit satis esse et resistit interiorem docentibus."

[110] Ebd., 271. 289.

[111] Ebd., 235.

[112] Ebd., 229.

[113] Ebd., 299.

[114] Ebd., 268: "신성한 자들은 내부적으로는 항상 죄인이다. 따라서 그들은 외부적으로는 항상 올바르다. 하지만 위선자들은 내부적으로는 항상 올바르다. 따라서 그들은 외부적으로는 항상 죄인이다Sancti intrinsece sunt peccatores semper, ideo extrinsece iustificantur semper. Hipocritae autem intrinsece sunt iusti semper, ideo extrinsece sunt peccatores semper."

[115] Ebd., 255.

[116] Calvin, Institutio christianae religionis 2., 8, 2 (1559), CR t. 30 (1864), 267.

[117] Ebd., 2,8 (p. 266ff.). 그와는 반대로 루터는 그리스도교 교리와 관련해 'moralis'라는 명칭은 회피하는 것 같다. in: Disputatio contra scholasticam theologiam (1517), WA Bd. 1 (1883), 226: "교만이나 불유쾌, 즉 죄가 없는 도덕적 탁월성은 없다Nulla est virtus moralis sine vel superbia vel tristicia, id est, peccato."

[118] Luther, Vorlesung über den Römerbrief, 339. Vgl. ders., In epistolam Sancti Pauli ad Galatos commentarius (1535), WA Bd. 40/1 (1911), 329.

[119] Calvin, Institutui 2, 8, 56 (p. 306). Vgl. Thomas von Aquin, Summa theologica 2, 1, qu. art. 5.

[120] Calvin, Institutio 2, 8, 56 (p. 306). Vgl. dazu Thomas von Aquin, Summa theologica 2, 1, qu. 108, art. 4; 2, 2, qu. 184, art. 5. 7. 8; 2, 2, qu. 186, art. 2.

[121] Calvin, Institutio 2, 8, 8 (p. 271f.).

[122] Vgl. Luther, Von der Freiheit eines Christenmenschen (1520), WA Bd. 7 (1897), 24f.

[123] Calvin, Institutio 2, 8, 23 (p. 283).

[124] Ebd. 2, 8, 16ff. (p. 277ff.)

[125] Ebd. 2, 8, 6 (p. 270f.).

[126] →Naturrecht, Bd. 4, Abschn. Ⅲ. 5.

[127] Vgl. Sbschn. Ⅰ. 3. e.

[128] →Naturrecht, Bd. 4, Abschn. Ⅳ. 1.

[129] Hobbes, De cive 3, 31 (1646), Opera, t.2 (1839; Ndr. 1961), 196.

[130] Ebd., 197.

[131] Ebd., 2, 1. (p. 168f.) "자연법은 인간의 합의가 아니라, 이치의 명령이다 Legem naturalem non esse consensum hominum, sed dictamen rationis."

[132] Ebd. 3, 32 (p. 197f.).

[133] Ebd., 14, 18(p. 325). 제 18장은 "법과 죄에 관하여"에서 "의지박약으로 인한 죄와 악의의 차이"라는 주제를 다루고 있다. 이에 관해 Aristpteles, Nik. Eth. 1135a 15ff.; 1135 b 2ff. Kant, Die Metaphysik der Sitten(1797), AA Bd. 6 (1907; Ndr. 1968), 214. 219. 비교.

[134] Hobbes, The Elements of Law 1, 16, 4 (1640), ed. Ferdinand Tönnies (1889), 2nd ed. M. M. Goldsmith (London 1969), 83. Vgl. ders., De cive 3, 5 (p. 184) u. ders., Leviathan 15 (1651), EW vol. 3 (1839; Ndr. 1966), 135f.

[135] Ders., De cive3, 5. (p. 184): "법에 명시된 처벌 때문에 정당한 일을 하는 사람은 부정하다(부정한 사람이라고 말할 수 있다.)"

136 Kant, Grundlegung zur Metaphysik der Sitten (s. Anm. 1), 39.

137 Hobbes, Leviathan 15 (p. 135f.), 홉스는 정당하다just는 말과 부당하다injust는 말이 인간에 관계되는지 아니면 행위에 관계되는지를 구분한다. 먼저 인간에 관계된 경우 인간의 기본태도는 의로운righteous, 의롭지 못한unrighteous과 같은 뜻으로 설명되고, 한 번의 또는 몇 번의 부당한 행동에 의해 문제시되지 않는다. 이러한 태도의 정의justice를 미덕이라 부르고 불의injustice를 악덕이라 한다. 그와는 달리 행위에 관계된 경우, 행동의 정당성the justice of actions은 행위자에게 정의롭다고 말하는 것이 아니라, 죄가 없다고 말한다. 행동의 부당성은 …… 그들에게 유죄의 이름을 부여한다. Ders., De Cive 3, 30 (p. 196) 참조.

138 Ders., De cive 14, 23(p. 329f.); →Naturrecht, Bd. 4, 284, Anm. 233.

139 Hobbes, De cive 3, 5 (p. 184).

140 Vgl. ebd. 3, 3 (p. 170).

141 Ders., Leviathan 15 (p. 131).

142 Ders., De cive 5, 12 (p. 215); 7, 14(p. 243).

143 Samuel Pufendorf, De jure naturae et gentium(1672; Ausg. 1688), ed. Walter Simon(London 1934). '도덕적인moralis'은 제1권 "도덕적 존재자들의 다양성에 관하여De varietate entium moralium"에서 각 장의 표제에 핵심 개념으로 등장한다.

144 Ebd. 1, 5,1(p. 45f.), 장의 표제 "도덕적 행위 일반에 관하여De actionibus moralibus in genere."

145 Ebd. 1, 1, 2 (p. 2); →Naturrecht, Bd. 4, Abschn. IV.2.

146 Pufendorf, De jure naturae 1, 2, 6 (p. 18f.), 종종 현대 자연법에서도 여전히 가끔 규범적으로 사용된 '자연적naturaliter'이라는 개념 대신에, 17세기의 근대 물리학의 용법에서 규범적인 함의들로부터 벗어나 있는 '물리적physice'이라는 개념을 사용한다. "그러므로 정말 인간의 모든 운동(움직임)과

행위는, 모든 신의 법과 인간의 법에서 멀리 떨어질 때, 무차별적인 것이다. ······ 하지만 어떤 도덕성이든 모든 법을 제쳐놓고 그 자체의 운동으로 인간에게 내재하지도 않고, 자연적 힘의 적용에 의해 독립적으로 내재하지도 않는다Sic ut revera omnes motus et actiones hominis, remota omni lege tam divina quam humana, sint indifferentes. ······ Non autem, quod citra omnem legem in ipso motu, et adplicatione potentiae physicae per se insit aliqua moralitas."

147 Ebd. 1, 3, 7 (p. 30f.); 2, 3, 10 (p. 32f.).

148 Ebd. 2, 3, 21 (p. 152ff.).

149 Ebd. 7, 1, 8 (p. 656f.).

150 Ebd., 1, 7, 7 (p. 82): "어떤 것들은 완전한 법을 바탕으로 우리에게 책임이 있고, 어떤 것들은 불완전한 법을 바탕으로 우리에게 책임이 있다quaedam deberi nobis ex jure perfecto, quaedam ex imperfecto." 전자의 법은 (푸펜도르프에 의하면 다른 사람들이 국가 외적으로는 강제적으로 국가 내적으로는 사법 절차를 통해) 어쨌거나 집행해야 할 의무가 있는 법이고, 후자의 법은 다른 사람들이 스스로 제공해야 하는 일에 대한 요구이며 따라서 강요될 수 없는 것이다.

151 Aristoteles, Pol. 1252b 28ff.

152 Walch 2. Aufl., Bd. 2 (1740), 1835, Art. Morale.

153 Zit. Zedler Bd. 45 (1745), 1506f., Art. Tugend-Lehre.

154 Walch 2. Aufl., Bd. 2, 1837ff.

155 Walch2. Aufl., Bd.2, 1840, Art. Moralität; vgl. ebd., 4. Aufl., Bd. 2 (1775), 178, Art. Moralität.

156 →Naturrecht, Bd. 4, Abschn. Ⅲ. 4.

157 Christian Wolff, Vernünftige Gedanken von der Menschen Thun ind Lassen, zu Beförferung ihrer Glückseeligkeit den Liebhabern der Wahrheit mitgetheilet (1720), 4. Aufl., (1733), GW 1. Abt., Bd. 4 (1976).

[158] Walch 2. Aufl., Bd. 2, 1839, Art. Moralität; vgl. ebd., 4. Aufl., Bd. 2, 177f., Art. Moralität

[159] Wolff, Vernünfftige Gedancken, Vorrede zur 1. Aufl.

[160] Ebd., Vorbericht zur 3. Aufl. (1728), § 4.

[161] Ebd., §§ 5. 3. 5. (S. 6f.).

[162] Ebd., § 12 (S. 12); § 43 (S. 31).

[163] Ebd., § 44 (S. 32).

[164] Vgl. ebd., § 37 (S. 28).

[165] Christian August Crusius, 이성적인 삶을 위한 지침서Anweisung vernünftig zu leben, § 372 (1744), Die philosophischen Hauptwerke, hg. v. Giorgio Tonelli, Bd. 1 (Hildesheim 1969), 454f. 이 책의 2권의 제목은 "윤리학 또는 심성의 덕을 기르는 가르침" Der 2. T1. des Werkes trägt den Titel "Die Ethik oder Lehre von der tugendhaften Einrichtung des Gemüthes."

[166] Ebd., § 162 (S. 201).

[167] Ebd., § 176 (S. 220).

[168] Ebd., § 133 (S. 159f.).

[169] Ebd., § 26 (S. 29f.).

[170] Ebd., § 173 (S. 216).

[171] Ebd., § 177 (S. 221).

[172] Kant, Grundlegung zur Metaphysik der Sitten (s. Anm. 1), 432.

[173] Ebd., 389.

[174] Ebd., 408.

[175] Ders., Bemerkungen zu den Beobachtungen über das Gefühl des Schönen und Erhabenen (Nachlaß), AA Bd. 20 (1942), 44.

[176] Britisch Moralistas 1650—1800, ed. David Daiches Raphael, vol. 1 (Oxford 1969), 195ff. 303ff.

177 Kant, Grundlegung zur Metaphysik der Sitten, 404.

178 Ebd., 403.

179 Ebd., 427.

180 Ebd., 393.

181 Ebd., 394. 397.

182 Ebd., 399f.

183 Ebd., 421.

184 Hobbes, Leviathan 14 (s. Anm. 134), 118.

185 Kant, Metaphysik der Sitten(s. Anm. 133), 230; → Naturrecht, Bd. 4, Abschn.
Ⅳ. 1; 4.

186 Ders., Grundlegung zur Metaphysik der Sitten, 453f.

187 Ebd., 454.

188 Ebd., 455.

189 Georg Edward Moore, Principia Ethica (1903), dt. v. Burkhard Wisser (Stuttgart
1970), 41.

190 Kant, Kritik der praktischen Vernunft (1788), AA Bd. 5 (1908; Ndr. 1968), 47.

191 Ebd., 122ff.

192 Fichte, Versuch einer neuen Darstellung der Wissenschaftslehre (1797), AA 1.
Abt., Bd. 4 (1970), 195.

193 Ders., Einige Vorlesungen über die Bestimmung des Gelehrten (1794), AA 1.
Abt., Bd. 3 (1966), 30.

194 Ebd., 28.32.

195 Ebd., 37f. 40.

196 Kant, Grundlegung zur Metaphysik der Sitten, 433ff.

197 Fichte, Bestimmung des Gelehrten, 37.

198 Ders., Zur Recension der Naturrechte für das Niethammersche Journal (1795),

AA 2. Abt., Bd. 3(1971), 405.

[199] Ders., Bestimmung des Gelehrten, 37.

[200] Schelling, Neue Deduktion des Naturrechts, §§31. 77 (1795), Werke, Bd. 1 (1927; Ndr. 1958), 176. 186.

[201] Ebd., §§ 70ff. (S. 184f.).

[202] Fichte, Grundlage des Naturrechts nach Principien der Wissenschaftslehre (1796), AA1. Abt., Bd. 3, 359.

[203] Ders., Das System der Sittenlehre nach den Principien der Wissenschaftslehre, § 3 (1798), AA 1. Abt., Bd. 5 (1977), 69.

[204] Ebd., § 13 (S. 146).

[205] Ebd., § 15 (S. 153).

[206] Ebd., 156. 158.

[207] Ebd., § 18 (S. 211).

[208] Ebd., 226.

[209] Ebd., 211.

[210] Ebd., 227.

[211] Schiller, Phiöosophische Briefe (1781), NA Bd. 20 (1962), 107. 118.

[212] Ebd., 114.

[213] Kant, Die Religion innerhalb der Grenzen der bloßen Vernunft (1793), AA Bd. 6, 20ff.

[214] Schiller an Christian gottfried Körner, 18 u. 19. 2. 1793, Schillers Briefwechsel mit Körner, hg. v. Karl Goedecke, 2. Aufl., Bd. 2 (Leipzig 1878), 23f.

[215] Ders., Über Anmut und Würde (1793), NA Bd. 20, 290. 280. 282.

[216] Ebd., 283.

[217] Ebd., 287 u. passim.

[218] Ebd., 290.

[219] Ebd., 289. 300.

[220] Ders., Über die ästhetische Erziehung des Menschen, 25. Brief (1795), ebd., 397f.

[221] Ebd., 27. Briefe (S. 410)

[222] Hegel, Das Grundkonzept des Christentums (Entwurf), Hegels theologische Jugendschriften, hg. v. Hermann Nohl (Tübingen 1907), 387, Anm.

[223] Ebd., 388f.

[224] Ebd., 394.

[225] Ders., Der Geist des Christentums und sein Schicksal (1798/99), ebd., 266. 268.

[226] Ebd., 276f.

[227] Ebd., 322.

[228] Ders., Grundkonzept des Christentums, 389.

[229] Ders., Über die wissenschaftlichen Behandlungsarten des Naturrechts (1802), GW Bd. 4 (1968), 435, vgl. Fichte, Grundlage des Naturrechts (s. Anm. 202), 321, "대개 도덕 선생들이 도덕법칙Sittengesetz은 형식적일 뿐이어서 공허하다는 것을 고려하지 않았던 것처럼."

[230] Kant, Kritik der praktischen Vernunft (s. Anm. 190), 27, Anm.

[231] Hegel, Behandlungsarten des Naturrechts, 436, vgl. ders., Die Phänomenologie des Geistes (1807), GW Bd. 9 (1980), 236.

[232] Ders., Behandlungsarten des Naturrechts, 437.

[233] Ebd., 449.

[234] Ders., Der Geist des Christentums, 322.

[235] Ders., Phänomenologie des Geistes, 238. 이 작품에는 다음과 같은 구성 항목들이 있다. 제5장: 이성의 확신과 진리. C. c) 법칙을 시험하는 이성. 제6장: 정신. A. 참된 정신, 인륜성. a) 인륜적 세계... B. 자기 소외된 정신, 교육. C.

자기 자신을 확신하는 정신. 도덕성, 제7장: 종교, 제8장: 절대지.

[236] Ebd., 240.

[237] Ders., Grundlinien der Philosophie des Rechts (1820), SW Bd. 7 (1928, Ndr. 1964), 1부: 추상법, 2부: 도덕성 (그 중 §141, 도덕성에서 인륜성Sittlichkeit으로의 전환), 3부: 인륜성Sittlichkeit (가정, §§158 이하, 시민사회, §§ 182이하, 국가, §§ 257이하).

[238] Ebd., §207 (284f.).

[239] Ebd., §257 (328).

[240] Ebd., §33 (85).

[241] Kierkegaard, Furcht und Zittern (1843), GW 4. Abt. (1950), 57f.

[242] Ludwig Feuerbach, Das Wesen des Christentums (1841), Werke, hg. v. Erich Thies, Bd. 5 (Frankfurt 1976), 193. 22.

[243] Marx/Engels, Manifest der Kommunistischen Partei (1848), MEW Bd. 4 (1859), 480f.; Engels, Herrn Dührings Umwälzung der Wissenschaft(1876/78), MEW Bd. 20 (1962), 86f., "동시에 유효한 도덕이론의 세 그룹으로서 현대적-부르주아적, 프롤레타리아적, 기독교적-봉건적 미래의 도덕"에 대해 언급한다.

[244] Geflügeltes Wort, Friedrich Theodor Vischer (1807-1887), Günther Patzig, Ethik ohne Metaphysik (Göttingen 1971), 32.에서 인용.

[245] Schopenhauer, Die beiden Grundprobleme der Ethik(1840), SW 2. Aufl., Bd. 4 (1950), 특히 제1판의 서문, V이하 비교.

[246] Max Stirner [d. I. Kaspar Schmidt], Der Einzige und sein Eigentum (1844), hg. v. Ahlrich Meyer (Stuttgart 1972) 비교.

[247] Kierkegaard, Entweder-Oder (1843), GW 2. Abt. (1957), 179.

[248] Ebd., 227f. 237.

[249] Ebd., 255.

[250] Ders., Die Wiederholung (1842), GW 5. Abt. (1955), 80.

[251] Ders., Furcht und Zittern (1843), 64. "도덕성Sittlichkeit의 의미에서의 윤리적인 것에 대해 말할 수 없다."

[252] Ebd., 63.

[253] Ebd., 57f.

[254] L. Feuerbach, Zur Beurteilung der Schrift "Das Wesen des Christentums" (1842), Werke, Bd 3 (1975), 215.

[255] Ders., Das Wesen des Christentums, Vorwort zur 2. Aufl. (1843), ebd., Bd. 5, 396. "허상은 우리 시대의 본성이다 - 우리 정치의 허상, 우리 도덕성 Sittlichkeit의 허상, 우리 종교의 허상, 우리 학문의 허상."

[256] Ebd., 31.

[257] Ebd., 187f.

[258] Ders., Vorläufige Thesen zur Reformation der Philosophie (1843), ebd., Bd. 3, 236, ders., Grundsätze der Philosophie der Zukunft, §36 (1843) 비교, ebd., 301.

[259] Marx, Ökonomisch-philosophische Manuskripte (1844), MEW Erg. Bd. 1 (1968), 539.

[260] Ebd., 537. ders., Kritische Randglosßen zu dem Artikel "Der König von Preußen und die Sozialreform. Vom einem Preußen" (1844), MEW, Bd. 1 (1956), 408 비교. "노동자를 노동에서 분리시키는 공동체Gemeinwesen는 삶 자체, 육체적 및 정신적 삶, 인간의 도덕성, 인간의 활동, 인간적인 향유, 인간적인 본성이다."

[261] Ders., Ökonomisch-philosophische Manuskripte, 551. 537.

[262] Ders., Die heilige Familie (1844), MEW Bd. 2 (1957), 138.

[263] Schopenhauer, Die Grundlage der Moral (1840), SW 2 Aufl., Bd. 4, 112.

[264] Ebd., 208.

[265] Ebd., 214.

266 Stirner [d. i. Schmidt], Der Einzige und sein Eigentum (s. Anm. 246), 5.

267 Marx/Engels, Die Deutsche Ideologie (1845/46), MEW Bd. 3 (1958).

268 Carl Welcker, Art. Sittlichkeit, Sitten–, Religons– und Unterrichtspolizei, Rotteck/Welcker Bd. 14 (1843). 572f.

269 Ebd., 599.

270 Ebd., 586.

271 Ebd., 581. 592.

272 Friedrich Julius Stahl, Die Philosophie des Rechts (1830/37), 3. Aufl., Bd. 2/1 (Heidelberg 1854), 4f.

273 Ebd., XXIX.

274 Ebd., XI.

275 Ebd., 76f. 84f.

276 Blum Bd 2 (1851; Ndr. 1973), 94f., Art. Moral.

277 Herder Bd. 4 (1856), 239, Art. Moral.

278 [Fuchs], Art. Moral, christliche; Moraltheologie, Wetzer/Welte Bd. 7 (1851), 288; vgl. Richard Rothe, Theologische Ethik, 3 Bde. (Wittenberg 1845/48).

279 [Buse], Art. Moral, Aschbach Bd 4 (1850), 265. 273f.

280 Lorenz v. Stein, System der Staatswissenschaft, Bd. 2: Die Gesellschaftslehre (1856, Ndr. Osnabrück 1964), 77.

281 Ebd., 78f.

282 Ebd., 81f.

283 Ebd., 86ff. 92.

284 Ebd., 94f.

285 Ebd., 137.

286 Ebd., 142f.

287 Johann Gustav Droysen, Historik. Vorlesungen über Enzyklopädie und

Methodologie der Geschichte (1937), hg. v. Rudolf Hübner, 6. Aufl. (München 1971), 264: "모든 인륜적인 행동과 인간의 존재는 역사적인 자연이다Alles sittliche Tun und Sein der Menschen ist geschichtlicher Natur."

[288] Ebd., 180.

[289] Ebd., 207. 203.

[290] Ebd., 203.

[291] Ebd., 243.

[292] Hegel, Vorlesung über die Philosophie der Geschichte. Einleitung (1822), SW Bd. 11 (1928; Ndr. 1961), 46.

[293] Droysen, Historik, 260f.

[294] Jacob Burckhardt, Weltgeschichtliche Betrachtung (1868ff.), GW Bd. 4. (Basel 1956), 41.

[295] Kant, Idee zu einer allgemeinen Geschichte in weltbürgerlicher Absicht (1784), AA Bd. 8 (1912; Ndr. 1968) 26. 23ff.

[296] Burckhardt, Weltgeschichtliche Betrachtungen, 20.

[297] Ebd., 112f.

[298] Ebd., 25f.

[299] Ebd., 190.

[300] Nietzsche, Unzeitgemäße Betrachtungen (1873/76), Werke, hg. v. Giorgio Colli u. Marzino Montinari, 3 Abt., Bd. 1 (Berlin, New York 1972), 265.

[301] Ebd., 326f. 294f.

[302] Ders., Genealogie der Moral (1887), Werke, 6. Abt., Bd. 2 (1968), → Naturrecht, Bd. 4, Abschn. Ⅱ, 1.

[303] Ders., Jenseits von Gut und Böse (1885), Werke, 6. Abt., Bd. 2, 118f.

[304] Ders., Genealogie der Moral, 284f.

[305] Ebd., 338. 342.

306 Ebd., 347f. "그는 자신에 대해, 자연에 대해, 자기 본질의 자연스럽고 사실
적인 상태에 대해 말한 모든 부정을 스스로 긍정으로서, 존재하는 것으로서,
생동하고 실재하는 것으로서, 신으로서 내던진다."

307 Ebd., 345f.

308 Ders., Fröhliche Wissenschaft (1881/1882), ebd., 5. Abt., Bd. 2 (1973), 256.

309 Ders., Jenseits von Gut und Böse, 4f.

310 Ders., Als sprach Zarathustra I (1883), ebd., 6. Abt., Bd. 1 (1968), 96f.

311 Ders., Aus dem Nachlass der Achtzigerjahre, Werke, hg. v. Karl Schlechta, Bd.
3 (München 1956), 462f. 917.

312 Bert Brecht, Dreigroschenoper (1931), GW hg. v. Elisabeth Hauptmann, Bd. 2
(Frankfurt 1967), 458.

313 Ludwig Wittgenstein, Tractatus logico-philosophicus (1921), Schriften, Bd. 1
(Frankfurt 1969), 80.

314 Martin Heidegger, Sein und Zeit (1927), Gesamtausg., 1. Abt., Bd. 2, hg. v.
Friedrich Wilhelm v. Hermann (Frankfurt 1977).

315 Ders., Platons Lehre von der Wahrheit. Mit einem Brief über den
"Humanismus" (Bern 1947), 105.

316 세미나: 언어와 윤리학. Zur Entwicklung der Metaethik, hg. v. Günther
Grewendorf u. Georg Meggle (Frankfurt 1974).

찾아보기

코젤렉의 개념사 사전 25 — 습속, 윤리, 도덕

⊙ 2022년 10월 29일 초판 1쇄 발행
⊙ 2022년 11월 5일 초판 2쇄 발행
⊙ 글쓴이   카를-하인츠 일팅
⊙ 엮은이   라인하르트 코젤렉·오토 브루너·베르너 콘체
⊙ 기 획   한림대학교 한림과학원
⊙ 옮긴이   한상희
⊙ 발행인   박혜숙
⊙ 펴낸곳   도서출판 푸른역사
　　서울시 종로구 자하문로8길 13 (우 03044)
　　전화: 02)720-8921(편집부) 02)720-8920(영업부)
　　팩스: 02)720-9887
　　전자우편: 2013history@naver.com
　　등록: 1997년 2월 14일 제13-483호
ⓒ 한림대학교 한림과학원, 2022

ISBN 979-11-5612-235-7 94900
세트   979-11-5612-230-2 94900

· 잘못 만들어진 책은 교환해드립니다.